윌리엄 오닐의
좋은 주식 고르는 법

Manga O'Neil ryu Growth Kabu Toushi Nyumon no Nyumon
by SUZUKI Kazuyuki / SASAKI Kei (ill.)
Copyright©2007 SUZUKI Kazuyuki / SASAKI Kei (ill.)
All rights reserved.
Originally published in Japan by PAN ROLLING, INC., Tokyo.
Korean translation rights arranged with
PAN ROLLING, INC., Japan
through THE SAKAI AGENCY and IMPRIMA KOREA AGENCY.

이 책의 한국어판 저작권은
THE SAKAI AGENCY와 IMPRIMA KOREA AGENCY를 통해
PAN ROLLING, INC., Japan과의 독점계약으로 이레미디어에 있습니다.
저작권법에 의해 한국 내에서 보호를 받는 저작물이므로
무단전재와 무단복제를 금합니다.

윌리엄 오닐의 – CAN SLIM 기법 활용하기

좋은 주식 고르는 법

스즈키 가즈유키 지음 / 사사키 케이 그림 / 김정환 옮김

이레미디어

서문

이 책은 주식시장과 관련된 만화다. 한 권의 만화책에 불과하지만 다루고 있는 주제는 매우 심오하다. 주식투자로 수익 내는 방법 중 널리 알려진 '성장주 투자'를 다루고 있다. 여기에서 소개하는 'CAN SLIM' 투자법은 미국이 낳은 성장주 투자의 일인자인 윌리엄 J. 오닐(William J. O'Neil)의 종목 선정과 매매 기법에 관한 노하우다.

스물한 살에 주식 세계에 발을 들여놓은 이래 월스트리트의 위대한 투자가라는 명성을 얻을 만큼 크게 성공한 오닐이 반세기에 걸쳐 수많은 '성공과 실패', '가설과 행동', '고찰과 반성', '절망과 재도전'을 거듭한 결과가 바로 이 일곱 개의 머리글자 속에 담겨 있다. 다시 말해 'CAN SLIM'은 한 노력가가 평생에 걸쳐 이룩해낸 열정적인 연구의 집대성인 것이다.

오닐이 이 투자법의 아이디어를 처음 세상에 소개한 것은 1988년에 출판된 그의 첫 저서 『How to Make Money in Stocks』에서였다. 이 책은 미국에서 100만 부가 넘게 팔리는 베스트셀러가 되었고, 지금도 대표적인 투자 지침서로 꾸준히 읽히고 있다. 일본에서는 2001년에 『오닐의 성장주 발굴법』(판롤링)이라는 제목으로 출판되었다(한국에서는 『최고의 주식 최적의 타이밍』이라는 제목으로 2003년 굿모닝북스에서 출간되었다-옮긴이). 졸저는 이 『오닐의 성장주 발굴법』을 해설한다는 취지로 판롤링이 주최한 이벤트 '투자 전략 페어 2005'에서 본인이 강연한 세미나 '급성장주를 발굴하는 방법'의 강연 내용을 바탕으로 만화화한 것이다.

최근 수년 사이에 전 세계 주식시장의 동조화 현상이 전에 없이 강해지고 있다. 분명히 예전에도 뉴욕 다우 지수가 오르면 닛케이 평균 지수도 올랐으며, 뉴욕 시장이 하락하면 일본 시장도 하락하는 것이 당연한 현상이 되었다. 그러나 최근에는 미국의 동향뿐만 아니라 인도나 상하이의 주가 급락에 전 세계의 주식시장이 (주식시장뿐만 아니라 상품과 외환시장까지도) 일제히 같은 비율로 변동하는 현상이 두드러지고 있다. 여기에는 두말할 것도 없이 헤지펀드의 급속한 팽창이 배경으로 자리하고 있다. 자금시장에 지금까지 누구도 경험해 본 적이 없는 거대한 변화가 찾아오고 있는 것처럼도 보인다.

마치 세계가 하나가 된 듯한 시장의 격렬한 움직임으로 각각의 성장주들도 전에 없이 심한 변동폭을 보이고 있다. 그러나 오닐은 이 점에 대해서도 명확한 답안을 가지고 있는 듯하다. '하나하나는 전체의 영향을 받는 법'이며, '뛰어난 하나는 전체 속에서 일찌감치 두각을 나타낸다'는 것이다. 그리고 이 책에서도 다뤘듯이 (원전에는 더 자세히 기술되어 있지만) '그렇기 때문에 시장 전체의 동향이 중요하다'고 오닐은 거듭 주장한다.

시장은 '기억의 게임'이다. 과거의 기억을 바탕으로 미래를 예측하며, 그것이 현재의 주가로 나타난다. 오닐이 경험한 **50**년이라는 기억은 제2차 세계 대전 이후 미국이 걸어온 번영의 역사와 보조를 같이한다. 'CAN SLIM'에는 전후 미국이라는 나라의 성장의 진수가 담겨 있는 것이다.

만약 이 책을 읽고 부족함을 느끼는 독자가 있다면 그것은 세미나를 담당한 나 스즈키 가즈유키(鈴木一之)의 책임이지 결코 오닐의 책임이 아니다. 또 이 책을 읽은 독자는 부디 원전인 **How to Make Money in Stocks**와 그 속편인 **The Successful Investor**(한국에는 같은 제목으로 **2004**년 굿모닝북스에서 출간되었다-옮긴이), **How to**

Make Money Selling Stocks Short』(한국에는 『윌리엄 오닐의 공매도 투자기법』이라는 제목으로 2008년 이레미디어에서 출간되었다-옮긴이)도 함께 읽어볼 것을 권한다.

마지막으로 작화에 힘써주신 만화가 사사키 케이(佐々木慧) 씨와 편집·교정을 담당해주신 세라 다카아키(世良敬明) 씨, 그리고 이 책을 출판하도록 도와주신 판롤링의 고토 야스토쿠(後藤康德) 씨에게 깊은 감사의 마음을 전한다.

2007년 5월 13일
스즈키 가즈유키

◗ 차례

프롤로그 _13

| 제1장 | 윌리엄 오닐의 'CAN SLIM' 투자법 _19

| 제2장 | 이해를 돕기 위한 용어 해설 _39

| 제3장 | CAN SLIM _53

| 제4장 | CAN SLIM의 'C' _77
: 3개월간의 사업 실적 성장세에 주목하라

| 제5장 | CAN SLIM의 'A' _87
: 매년의 매출액에 주목하라

| 제6장 | CAN SLIM의 'N' _94
: 새로운 변화를 감지하라

제7장 CAN SLIM의 'S' _101
: 수요와 공급, 그중 공급에 주의를 기울여라

제8장 CAN SLIM의 'L' _113
: 업계의 리더를 찾아라

제9장 CAN SLIM의 'I' _123
: 기관 투자가가 몰래 사들이는 종목을 찾아내라

제10장 CAN SLIM의 'M' _133
: 대세를 파악하라

제11장 개인 투자자들이 저지르는 '18가지 실수' _151

프롤로그

제 강연회에 잘 오셨습니다!

제가 가부키 가즈유키입니다.*

그런데… 강연은 벌써 끝났나 보네요….

아니요. 사고로 전철이 운행을 중단하는 바람에 아무도 오지 못하셨습니다.

네!? 그러면 설마 저 혼자…?

*가부키 가즈유키는 이 책의 저자인 스즈키 가즈유키의 이름을 살짝 바꾼 것으로 보인다 – 옮긴이

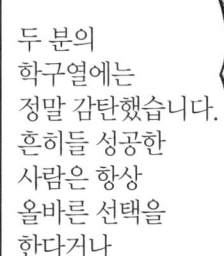

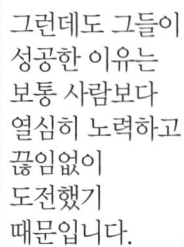

제1장
윌리엄 오닐의 'CAN SLIM' 투자법

오늘의 성장주 투자를 소개하기 전에 주식투자의 '자기 책임'에 대해 짚고 넘어가는 게 좋겠군요.

많은 사람들이 이야기하지만 애매모호하게 사용되는 경우가 많아요.

주식투자를 할 때는 두 가지를 본인이 스스로 결정해야 합니다.

다시 말해 두 가지 결정 사항에 대해서는 자신이 책임을 져야 하죠.

첫 번째는 '무엇'을 살(팔) 것인가.

이 두 가지는 '스스로' 결정해야만 하는 것이지요.

그리고 두 번째는 그것을 '언제' 살(팔) 것인가.

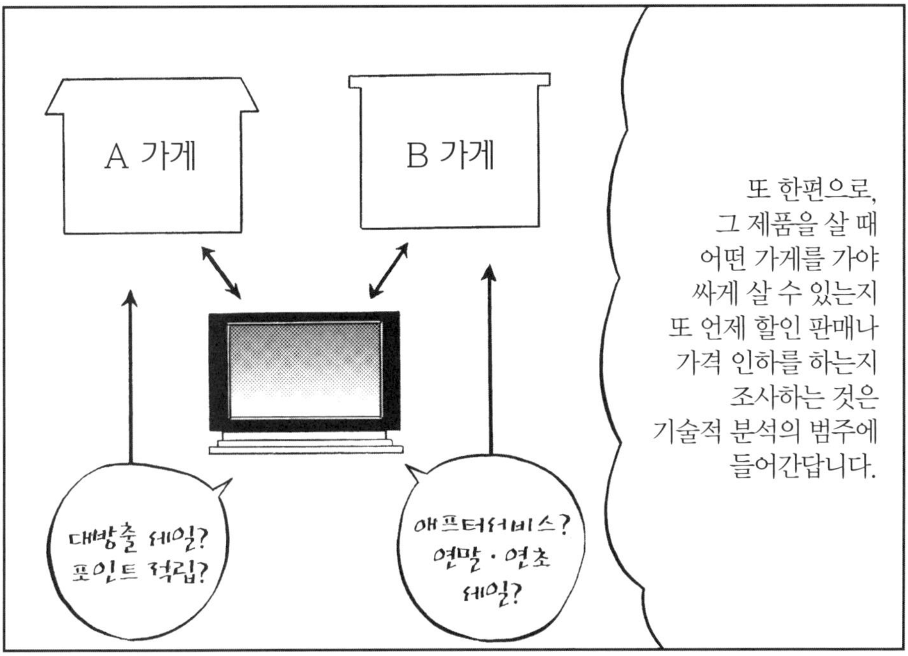

그런데 실제로는 투자에 관한 책을 쓰거나 저처럼 남들 앞에서 강연을 하는 사람들은 대개 이 둘 중 한 가지에 치우치기 마련입니다.

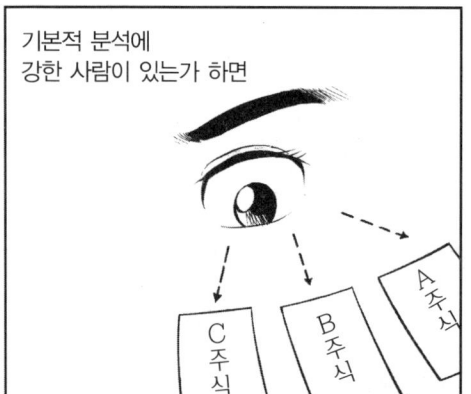

기본적 분석에 강한 사람이 있는가 하면

기술적 분석에 강한 사람도 있지요.

그래서 각자 자신의 시각에서 주식투자에 대해 이야기하고 글을 쓰게 되죠. 그런데 실제로 주식투자를 하는 사람은 두 가지를 모두 고려해야 돼요. 이것이 '자기 책임'의 중심적인 내용입니다.

스페셜리스트가 아니라 제너럴리스트가 돼야 한다는 건가?

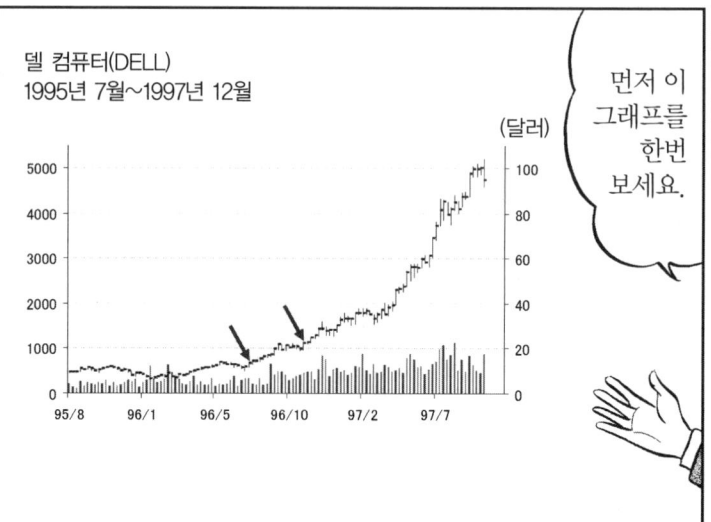

델 컴퓨터는 주식 분할을 여러 차례 실시했습니다. 그래서 차트상으로는 수정이 되어서 **10**달러 혹은 **20**달러라고 표시가 되어 있는데, 그때부터 **100**달러를 돌파할 때까지 계속 롱(매수) 포지션을 유지하는 기법을 먼저 소개했었지요.

여기에서의 요점은 델과 같이 크게 성장하는 종목을 발견하는 법과

매수 포인트, 그리고 매도 포인트인데 오닐은 책 속에서 풍부한 사례를 바탕으로 그 요점을 설명했습니다.

지금부터 말씀드리고자 하는 것은 어떻게 보면 오닐이 갖고 있는 기술적 분석 측면은 아닙니다.

책 속에는 기술적 분석에 대한 내용이 수없이 소개되어 있는데 한 시간 동안에 설명 드리기는 도저히 불가능합니다. 조금 있다가 가장 중요한 요점만 몇 가지 짚어볼까 합니다.

윌리엄 오닐의 가장 유명하면서도 가장 오닐다운 기본적 분석법에 대해 말씀드리겠습니다.

이미 알고 계실지도 모르겠지만, 그 유명한 'CAN SLIM' 투자법입니다.

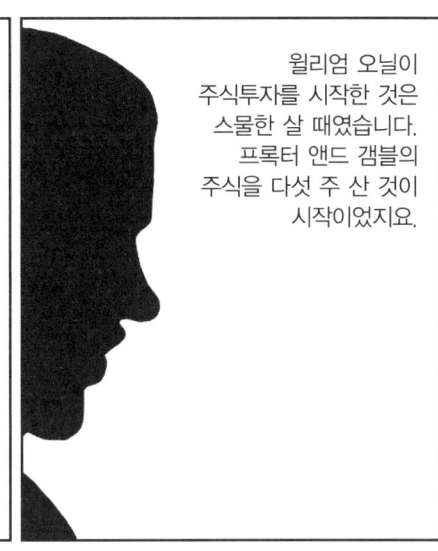

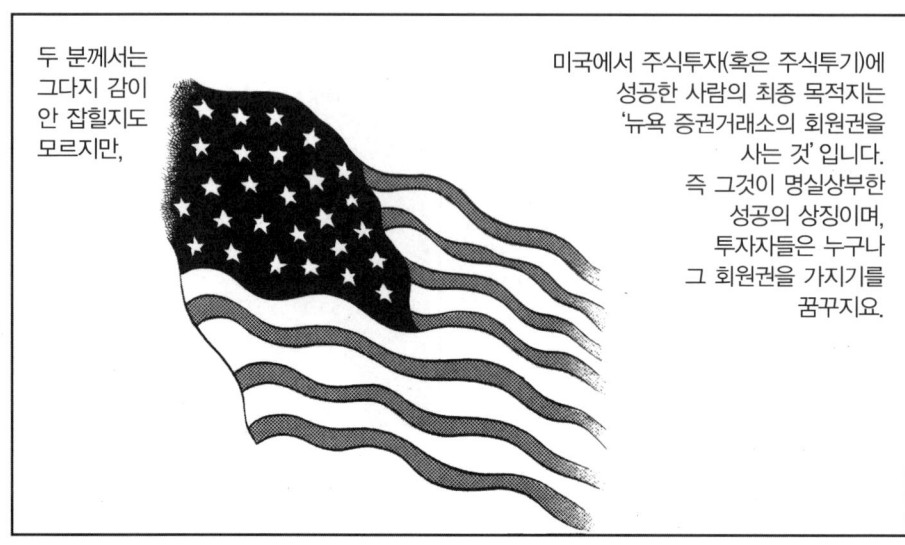

두 분께서는 그다지 감이 안 잡힐지도 모르지만,

미국에서 주식투자(혹은 주식투기)에 성공한 사람의 최종 목적지는 '뉴욕 증권거래소의 회원권을 사는 것'입니다. 즉 그것이 명실상부한 성공의 상징이며, 투자자들은 누구나 그 회원권을 가지기를 꿈꾸지요.

그리고 거기에서 다시 더 높은 단계로 더욱 성장해 나아가는 거죠. 놀랍게도 윌리엄 오닐은 스물한 살에 **5,000**달러로 시작한 주식투자에서 성공해 불과 서른 살이라는 젊은 나이에 뉴욕 증권거래소의 회원권을 산 것이지요.

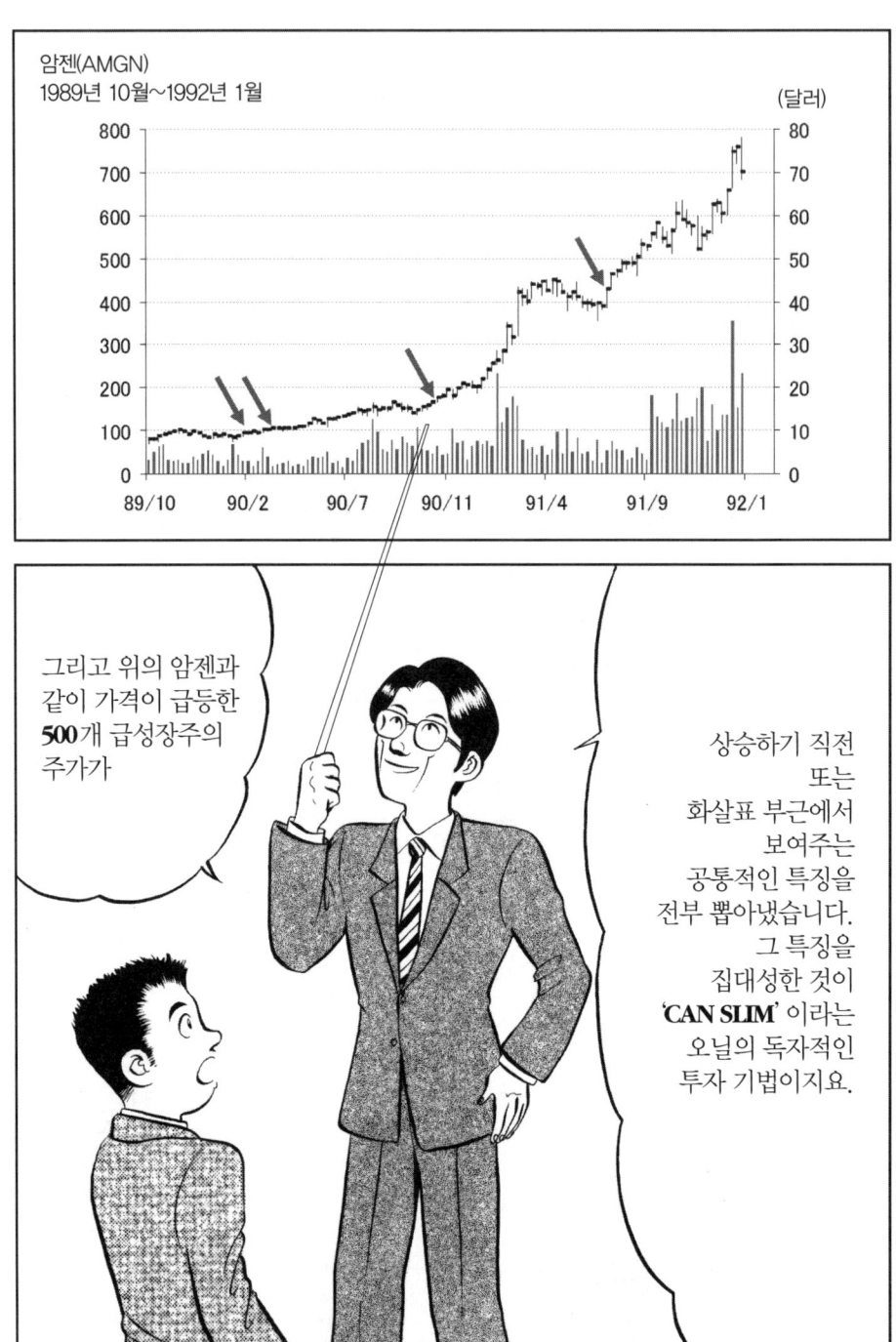

'CAN SLIM'은 500종목에 이르는 역사적인 급성장주의 주가가 급등하기 직전에 가지고 있던 공통된 요소를 일곱 가지 항목으로 정리한 것입니다. 그 항목을 알기 쉽게 머리글자로 표현했더니 'CAN SLIM'이 된 거죠.

아하, 그게 머리글자였 구나….

다시 오닐의 저서에 대한 이야기로 돌아 갈까요?

『How to Make Money in Stocks』는

1988년에 제1판이 나왔고, 1991년에 제2판, 그리고 1995년에 개정 제2판이 나왔어요.

책을 읽어보면 개정판을 낼 때마다 'CAN SLIM'의 내용도 미묘하게 진화하고 있음을 알 수 있답니다.

그후 2000년에 IT 버블이 붕괴되면서 미국 사람들은 주식투자를 통해 부의 80퍼센트를 잃어버렸고, 그러면서 주식투자에 대한 절망감이 확산되었습니다.

그때, 즉 IT 버블이 붕괴된 직후에 급거 출판된 책이 두 번째 저서인 『The Successful Investor』입니다.

미국에서 2003년에 출판되었지요.

첫 번째 저서에서 오닐은 'CAN SLIM'을 사용해 성장주를 발견하는 데 가장 중점을 뒀습니다.

그런데 두 번째 저서에서는 IT 버블의 붕괴로 주가가 연일 급락하는 가운데 어떻게 재산을 지킬 수 있을까라는 매매 기법의 설명으로 중점이 크게 이동했습니다. 펀더멘털적인 'CAN SLIM'의 설명은 최소한으로 억제했지요.

제2장

이해를 돕기 위한 용어 해설

이 세 권의 저서에 공통적으로 나오는 윌리엄 오닐의 독자적인 용어가 있습니다.

요코 씨는 아직 책을 읽어보지 않으셨다 하니 조금 전문적인 용어를 설명해 드리겠습니다.

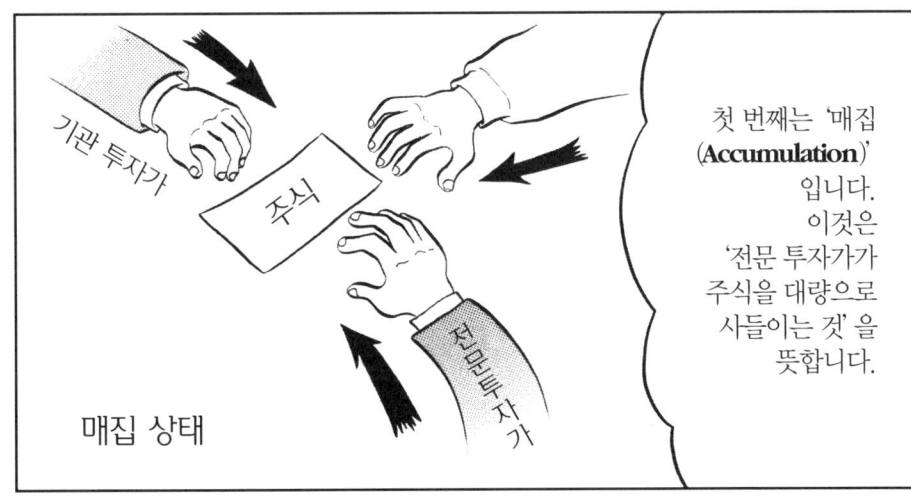

첫 번째는 '매집(**Accumulation**)'입니다. 이것은 '전문 투자가가 주식을 대량으로 사들이는 것'을 뜻합니다.

매집 상태

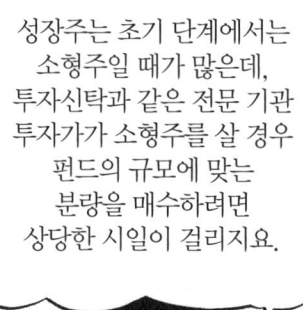
성장주는 초기 단계에서는 소형주일 때가 많은데, 투자신탁과 같은 전문 기관 투자가가 소형주를 살 경우 펀드의 규모에 맞는 분량을 매수하려면 상당한 시일이 걸리지요.

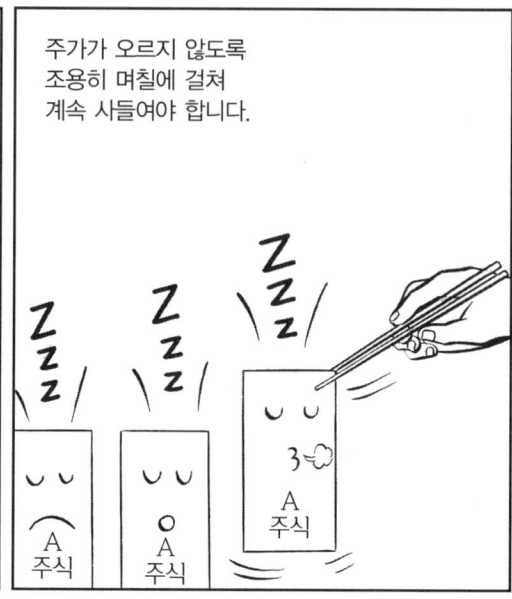
주가가 오르지 않도록 조용히 며칠에 걸쳐 계속 사들여야 합니다.

그러면 어떤 일이 일어날까요? 주가는 일정한 수준부터는 거의 떨어지지 않게 됩니다.

주가가 일정 수준을 유지하는 상태를 오닐은 '베이스'라고 부릅니다. 이때 그 종목에는 매집, 즉 전문 투자가의 대량 매수가 진행 중이라고 표현합니다. 그리고 그후에는 대개 주가가 크게 상승한다고 봤지요.

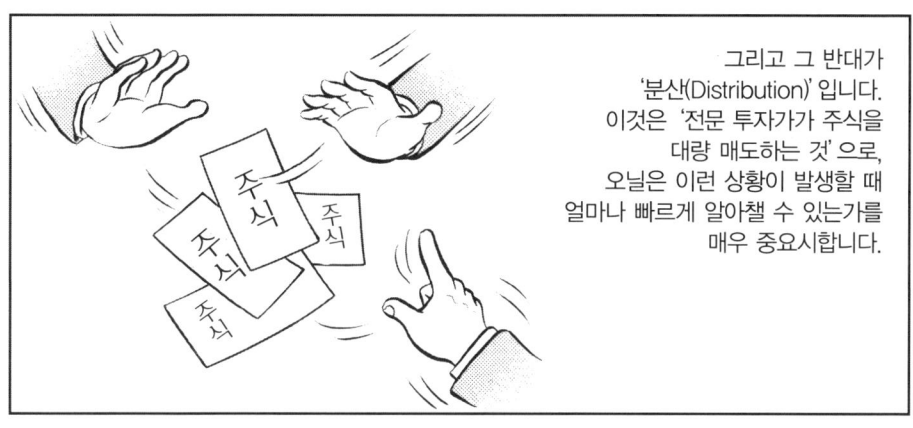

그리고 그 반대가 '분산(Distribution)' 입니다. 이것은 '전문 투자가가 주식을 대량 매도하는 것'으로, 오닐은 이런 상황이 발생할 때 얼마나 빠르게 알아챌 수 있는가를 매우 중요시합니다.

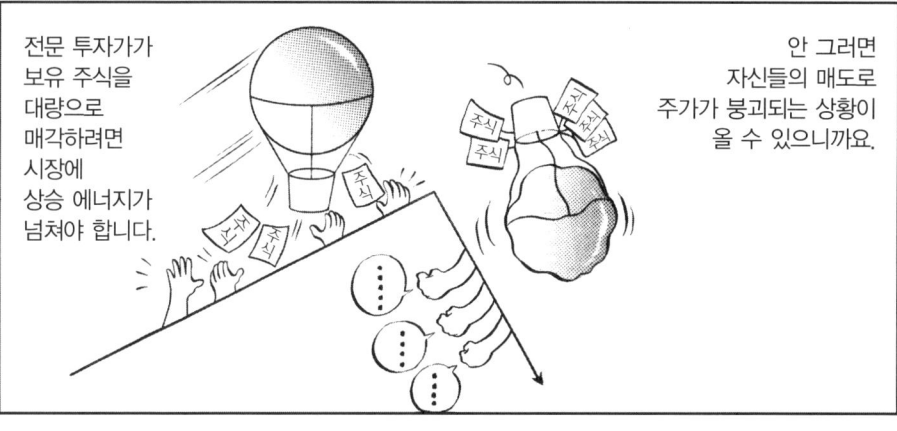

전문 투자가가 보유 주식을 대량으로 매각하려면 시장에 상승 에너지가 넘쳐야 합니다.

안 그러면 자신들의 매도로 주가가 붕괴되는 상황이 올 수 있으니까요.

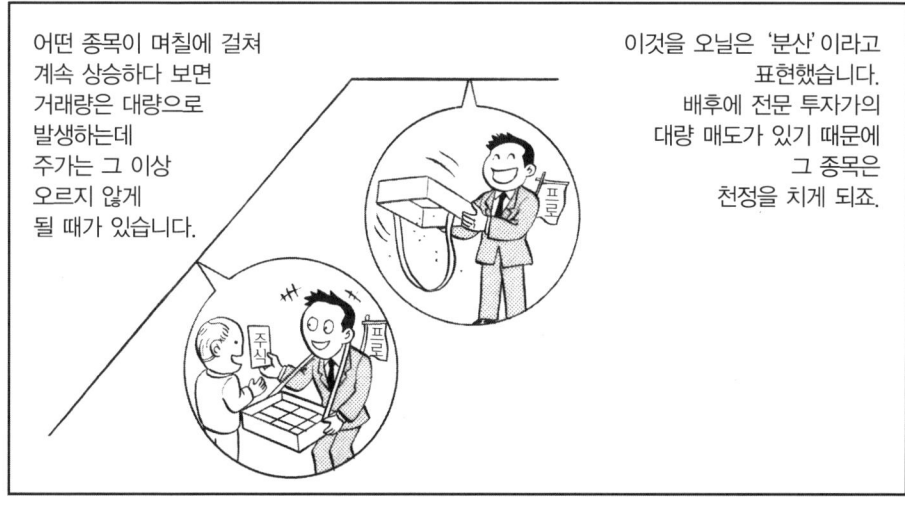

어떤 종목이 며칠에 걸쳐 계속 상승하다 보면 거래량은 대량으로 발생하는데 주가는 그 이상 오르지 않게 될 때가 있습니다.

이것을 오닐은 '분산' 이라고 표현했습니다. 배후에 전문 투자가의 대량 매도가 있기 때문에 그 종목은 천정을 치게 되죠.

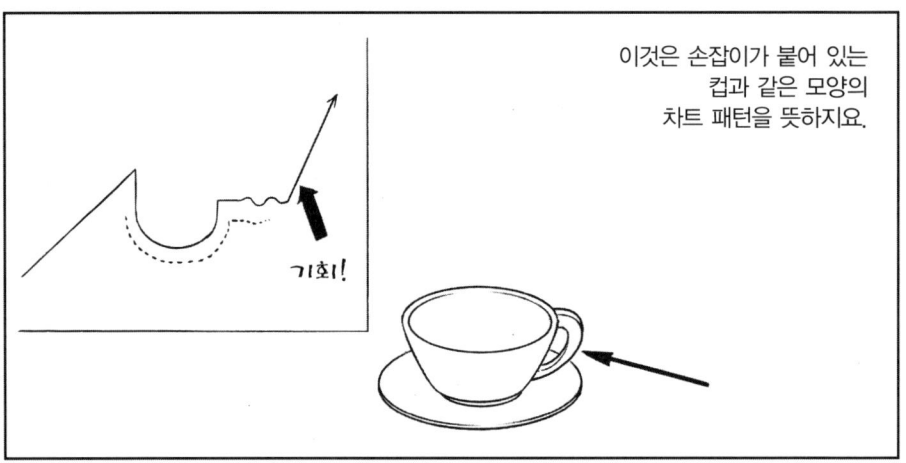

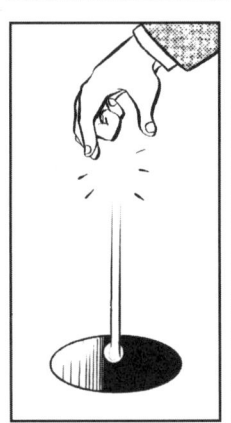

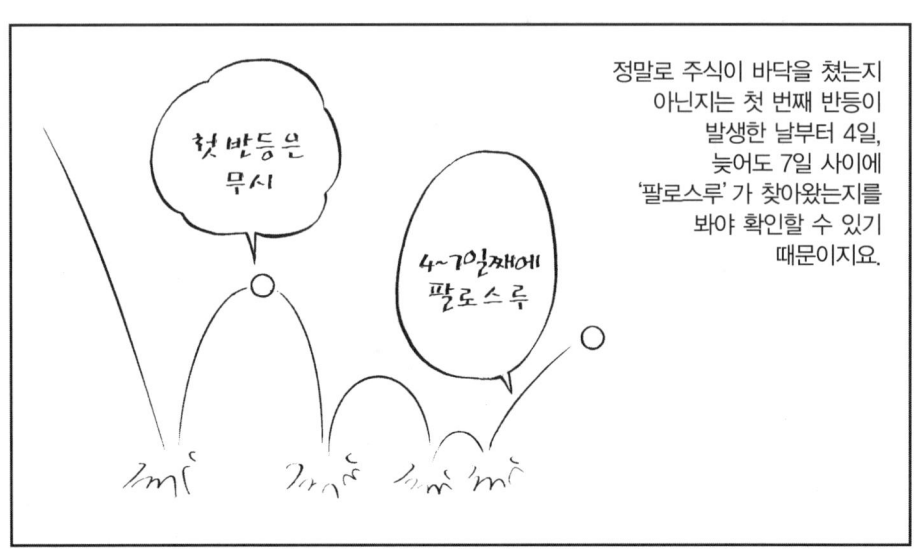

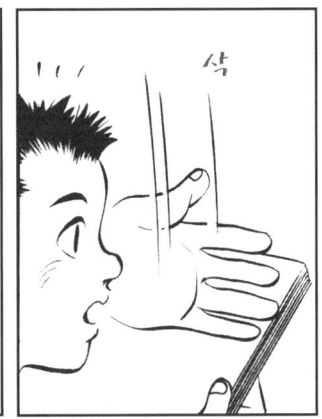

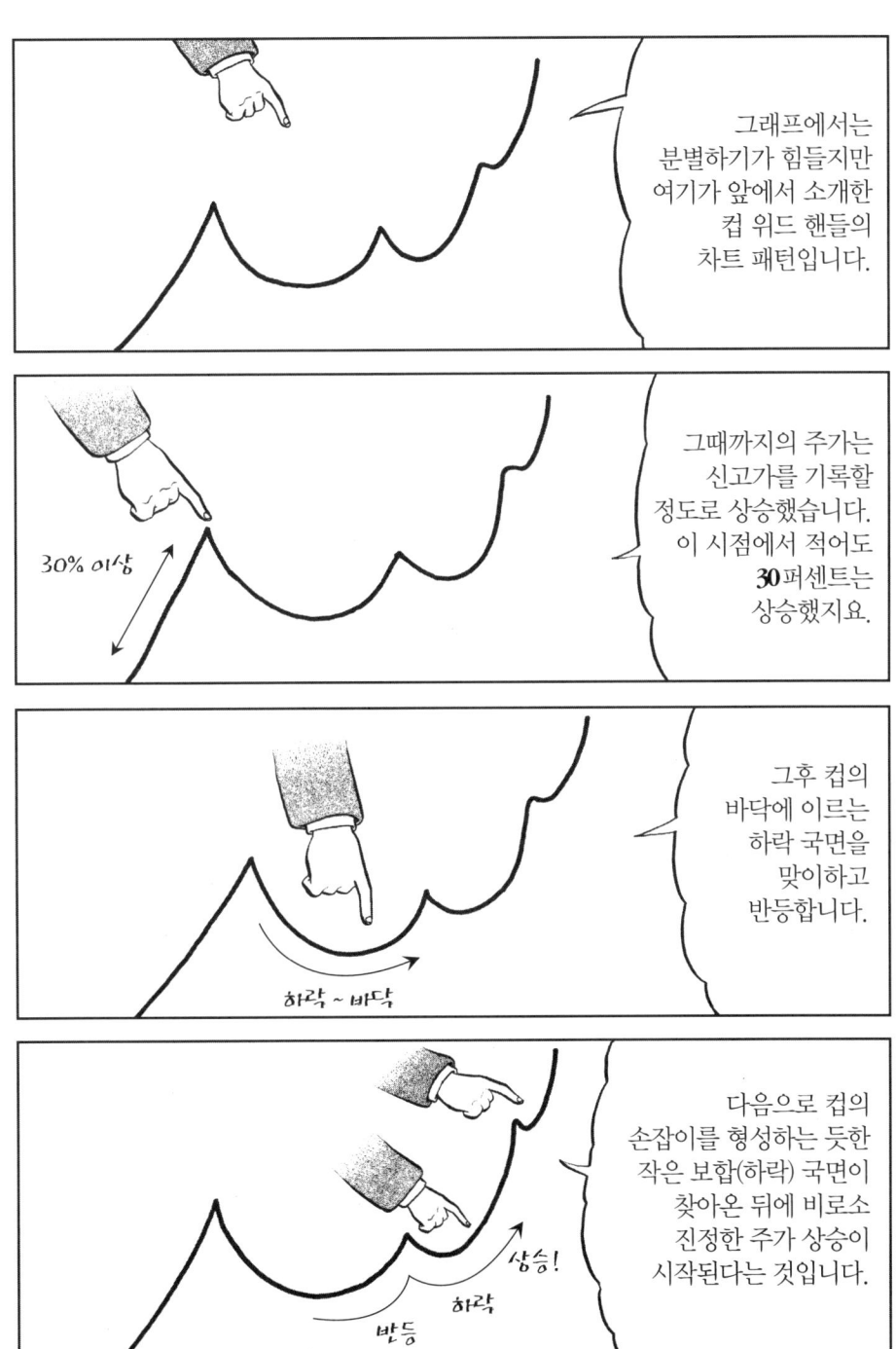

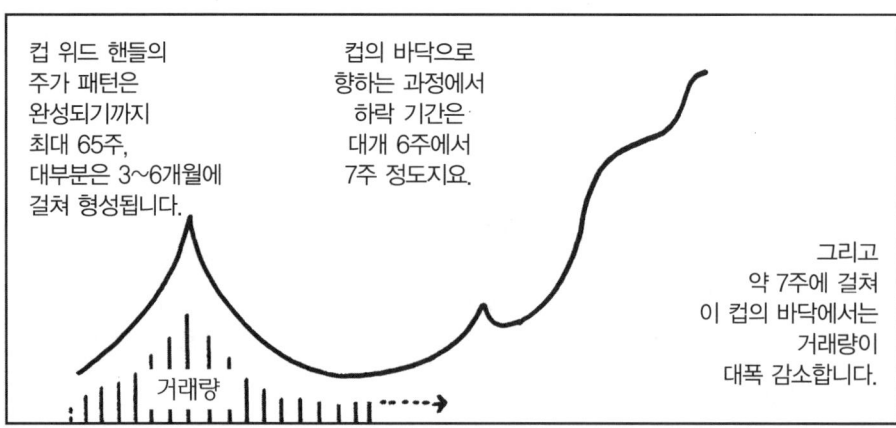

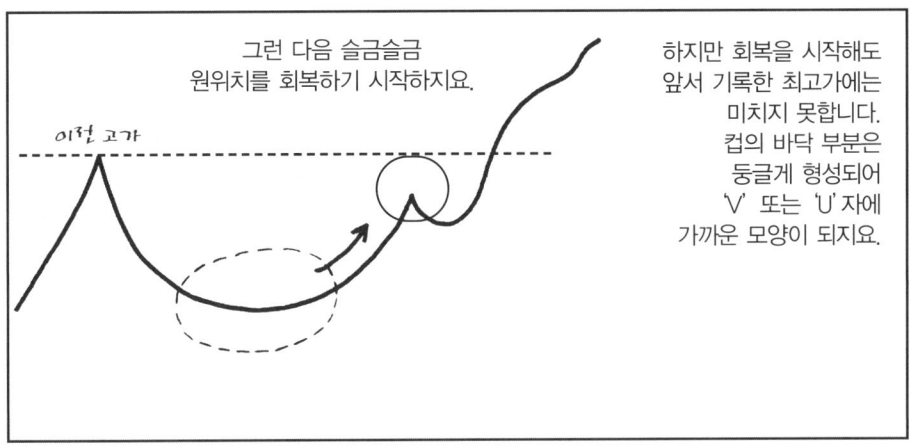

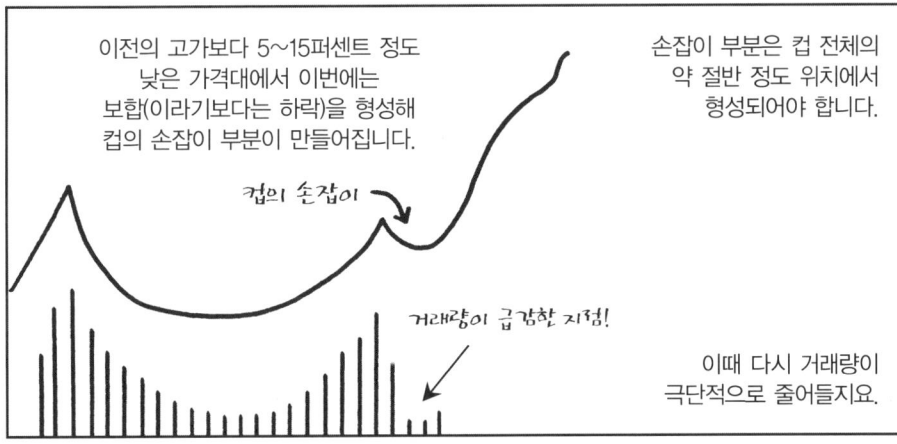

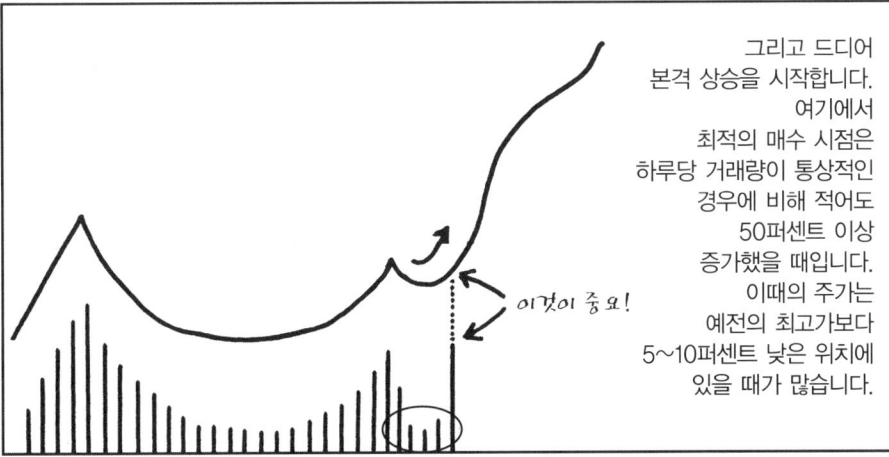

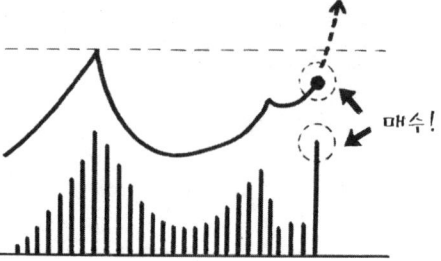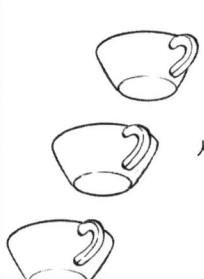

다음으로는 성장주를 어느 시점에 팔 것인가가 문제인데, 바로 성장주의 천정권에서 전형적으로 나타나는 '클라이맥스 톱(**Climax Top**)'을 발견했을 때입니다.

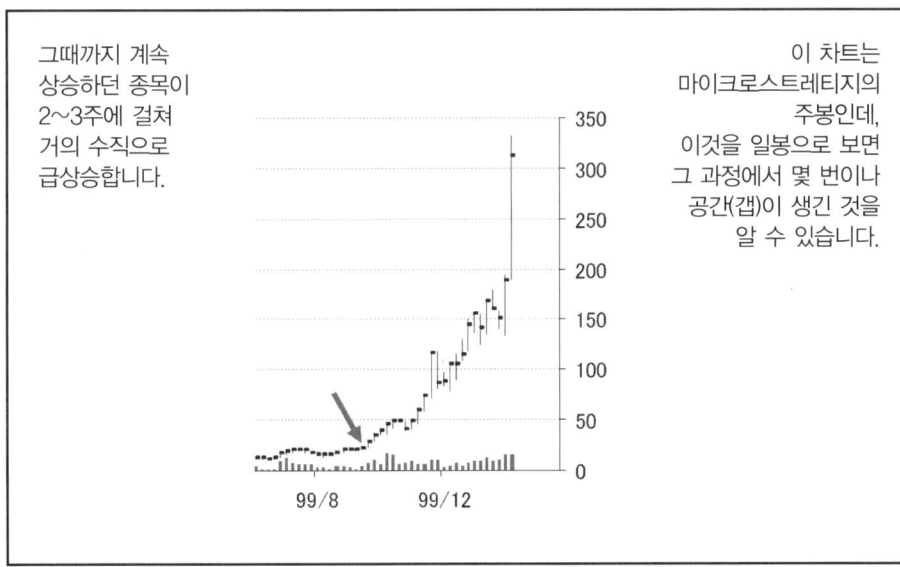

그때까지 계속 상승하던 종목이 2~3주에 걸쳐 거의 수직으로 급상승합니다.

이 차트는 마이크로스트레티지의 주봉인데, 이것을 일봉으로 보면 그 과정에서 몇 번이나 공간(갭)이 생긴 것을 알 수 있습니다.

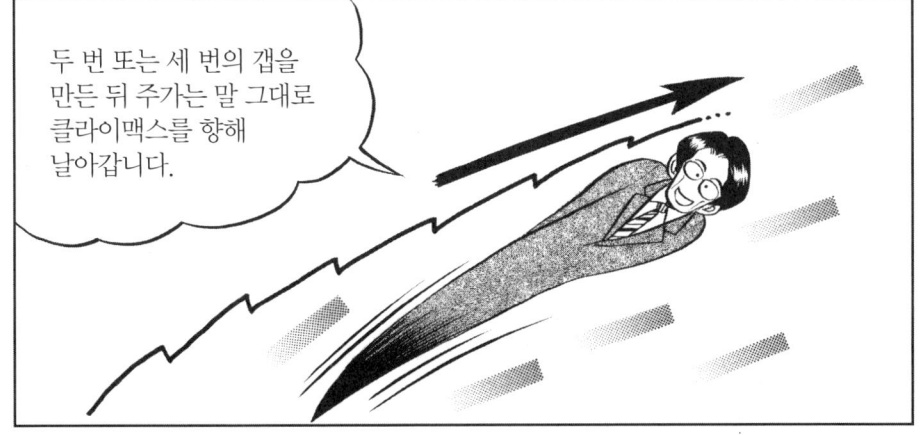

두 번 또는 세 번의 갭을 만든 뒤 주가는 말 그대로 클라이맥스를 향해 날아갑니다.

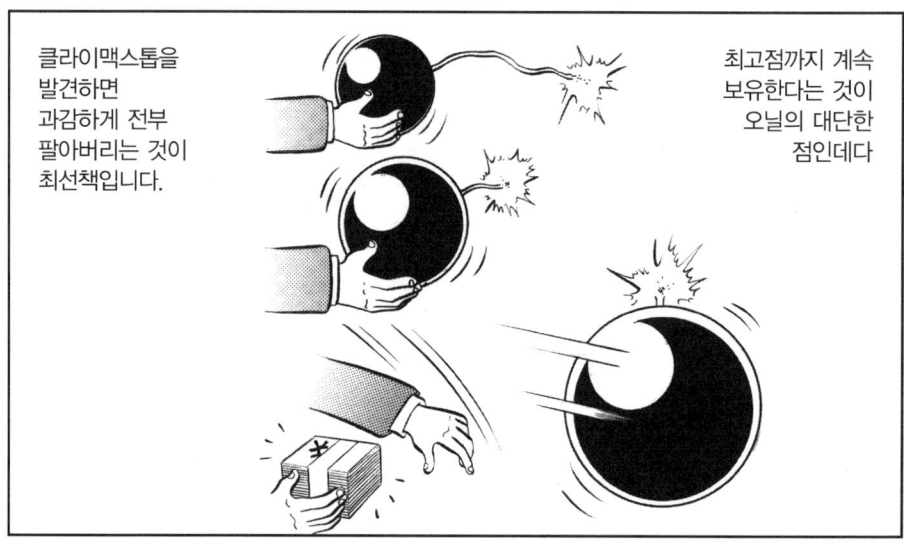

제3장

CAN SLIM

캔슬림도 그러면 차트 패턴에 관한 건가요?

지금부터 'CAN SLIM' 에 대해 설명해 드리지요.

'CAN SLIM' 은 최근 **50**년간 크게 성장한 **500**종목에서 뽑아낸, 그러니까 성장주에 공통되는 항목 일곱 가지를 뜻한다고 말씀드렸죠?

그 일곱 가지 요소의 머리글자를 딴 것이 바로 'CAN SLIM' 이고요.

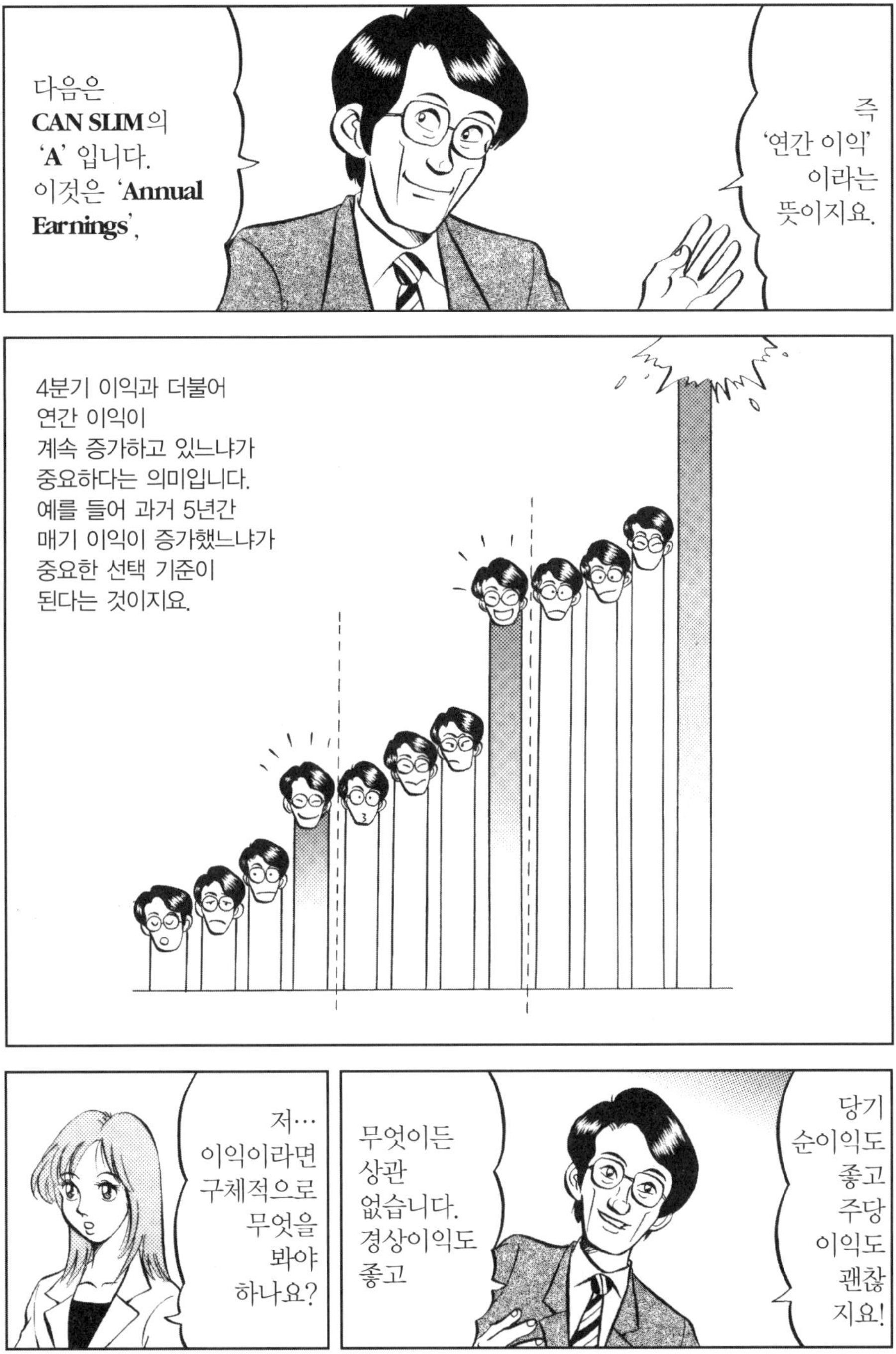

개인 투자자들이 결정적으로 잘못 생각하는 것이, 주가가 신고가를 갈아치우면 이미 너무 많이 올라버렸으니 살 수가 없다고 판단하는 것입니다.

하지만 오닐은 "아니다. 바로 그때 사야 한다!" 라고 말하지요.

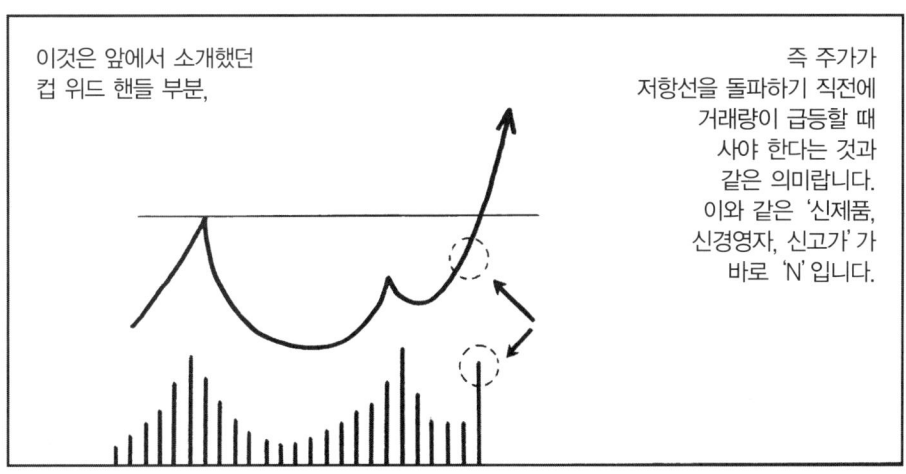

이것은 앞에서 소개했던 컵 위드 핸들 부분,

즉 주가가 저항선을 돌파하기 직전에 거래량이 급등할 때 사야 한다는 것과 같은 의미랍니다. 이와 같은 '신제품, 신경영자, 신고가' 가 바로 'N' 입니다.

마지막으로 CAN SLIM의 'M'은 'Market Direction', 즉 '시장 전체의 방향' 입니다.

아무리 급성장주라고 해도 세상의 흐름을 거스를 수는 없습니다.

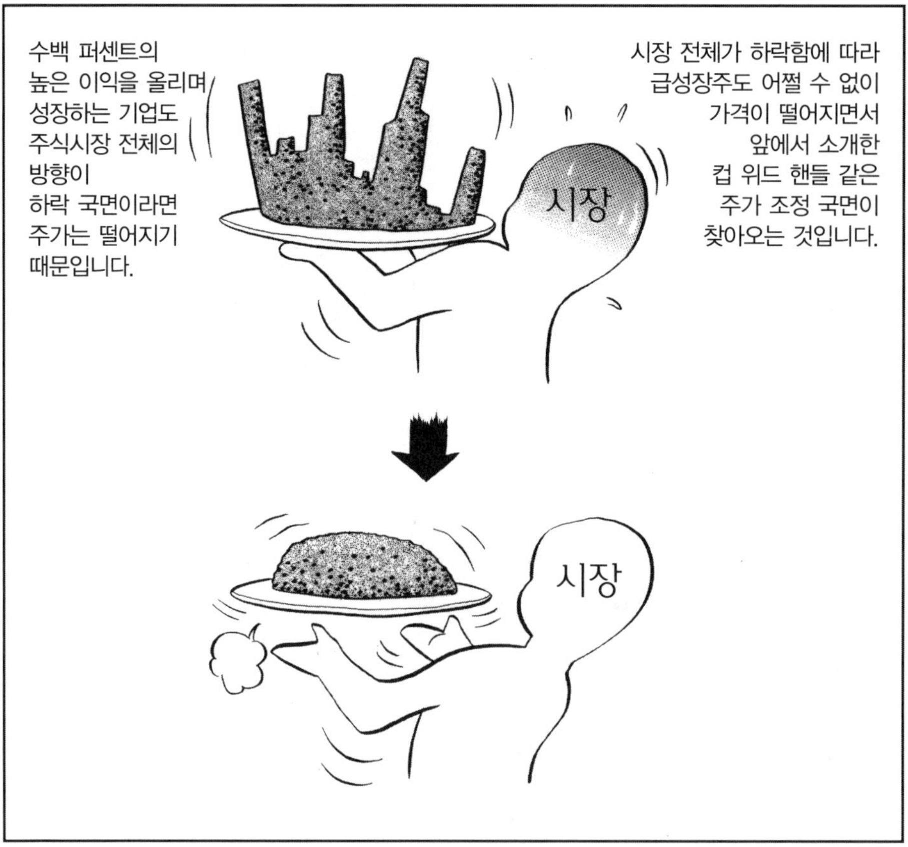

수백 퍼센트의 높은 이익을 올리며 성장하는 기업도 주식시장 전체의 방향이 하락 국면이라면 주가는 떨어지기 때문입니다.

시장 전체가 하락함에 따라 급성장주도 어쩔 수 없이 가격이 떨어지면서 앞에서 소개한 컵 위드 핸들 같은 주가 조정 국면이 찾아오는 것입니다.

자신의 저서 세 권을 통해 오닐이 끊임없이 주장하는 것은 이 'CAN SLIM'의 'M' 입니다.

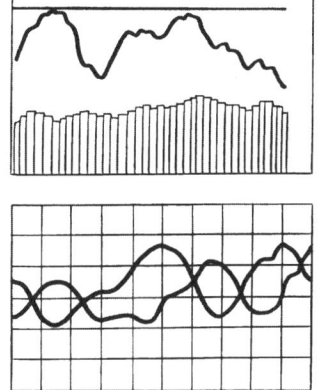

시장의 방향, 즉 뉴욕 다우존스와 나스닥의 동향에 특히 주의를 기울이라는 것이지요. "이 두 시장을 매일 관찰하는 것이 중요하다"고 오닐은 말합니다.

그리고 "분산, 즉 전문 투자가의 대량 매도 징조가 보이면 주의해야 한다"고 강조합니다.

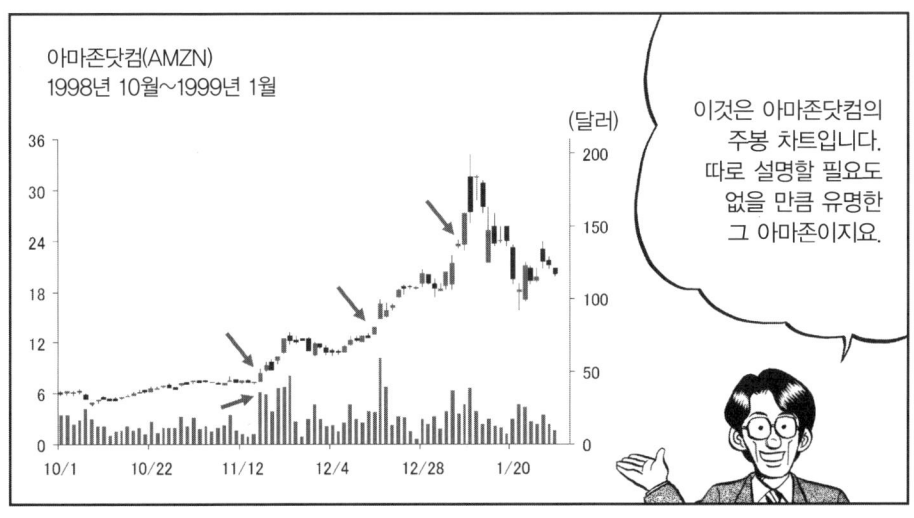

이것은 아마존닷컴의 주봉 차트입니다. 따로 설명할 필요도 없을 만큼 유명한 그 아마존이지요.

1998년부터 2000년 봄에 걸쳐 클린턴 정권하의 미국은 나스닥 시장의 폭등과 폭락이라는 이른바 'IT 버블과 붕괴'를 겪었습니다.

1929년의 이른바 '검은 목요일'이라는 뉴욕 주식시장의 대폭락은 세계 대공황으로 이어질 정도였는데요. 오닐의 말을 빌리자면 그때를 능가하는 폭락세였다고 하죠.

그만큼 주식시장에 대한 열광과 그후의 폭락은 엄청난 것이었습니다. 그러나 미국 정부는 마침 클린턴에서 부시로 정권이 이양되는 시기였기 때문에

주식시장에 아무런 손도 쓰지 않았습니다. 이 때문에 미국 국민이 잃어버린 부는 이루 헤아릴 수가 없지요.

그래서 오닐은 '그저 사기만 하는 것으로는 안 된다. 종목을 찾고 매수 타이밍을 저울질하는 것만으로는 안 된다'는 생각에서 급히 두 번째 책을 쓴 것입니다.

세 번째 책도 이와 같은 흐름에서 탄생했습니다.

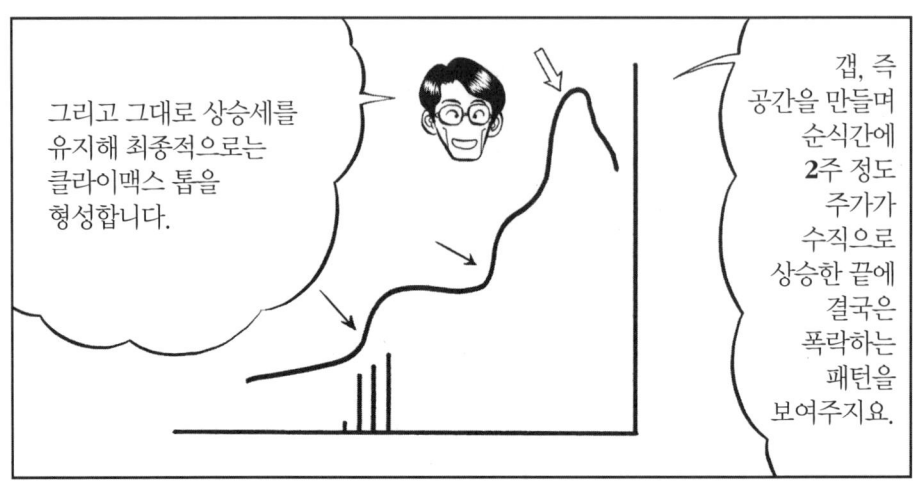

하지만 주식을 공매도한 뒤에 주가가 상승하면 비싼 값에 사서 갚아야 하기 때문에 손해를 봅니다.

리스크도 있군요.

아마존처럼 급성장한 종목이나 큰 이익을 본 종목이 천정을 친 후 하락하는 과정에서 공매도하는데

이때 이와 같이 클라이맥스 톱의 형성에 따른 천정이 확인된 뒤 5개월에서 7개월 뒤에 진정한 공매도 국면이 찾아온다고 거듭 설명했습니다.

이것은 세 번째 저서에 나오는 내용입니다. 공매도에 대한 생각이 역시 일반적인 관념과는 근본적으로 다릅니다.

또 이와 동시에 오닐은 이익을 확보하는 비율과 로스컷의 비율을 명확히 정했습니다.

로스컷이요?

로스컷은 '손절매'라는 뜻입니다. 자신이 산 주식의 가격이 몇 퍼센트 하락하면 자동으로 팔도록 미리 정해놓음으로써 리스크를 최소한으로 억제할 수 있지요.

오닐은 스물한 살에 주식투자의 세계로 뛰어들어 서른 살에 뉴욕 증권거래소의 회원권을 살 정도로 대성공을 거뒀지만, 사실은 스물여섯 살이 될 때까지 그다지 이익을 보지 못했다고 합니다.

그러다 스물여섯 살에 이 CAN SLIM 모델을 만들고 난 뒤부터 서서히 성공의 길로 들어서지요. 하지만 그전까지는 이익도 보고 손해도 보기를 반복했습니다.

스물여섯 살 무렵 반년에 걸쳐 꾸준히 연구를 하며 여러 가지 시행착오를 거쳤다고 하는데

그때 확립시킨 것이 이익과 손실의 비율을 3대 1로 한다는 것이었습니다. 즉 이익이 3, 손실이 1이지요.

주가가 상승할 때는 20퍼센트 내지 25퍼센트가 오르면 이익을 확정합니다. 즉 차익 실현을 하지요.

차익 실현은 손절매와는 반대로 이익을 확정하기 위해 거래를 끝내는 것입니다.

+20~25%

-7~-8%

반대로 매수한 가격에서 7퍼센트나 8퍼센트가 하락하면 자동으로 손절매를 합니다.

이 방법에 따르면 이익의 폭은 손실 폭의 세 배가 됩니다.

그러니까 손실의 세 배를 자신의 이익 목표로 삼는다 이거군요. 그런데 예로 든 수치는 일반적으로 볼 때 어느 정도인가요?

적은 편이죠. 이익과 손실 모두 매우 엄격하게

설정된 것입니다.

7퍼센트나 8퍼센트의 하락은 시장이 조금만 흔들려도 언제든지 발생할 수 있습니다.

그래서 손절매를 하는 일이 없도록 매수할 때 굉장히 엄격한 규칙을 적용하는 것이지요.

시장이 흔들리면 손절매가 속출하기 때문에 안이한 마음으로 주식을 사면 금방 손해를 봅니다.

다만 그 대신 이익과 손실의 비율을 1대 3으로 정했기 때문에 세 번은 실패를 봐도 한 번 성공하면 손해는 보지 않지요.

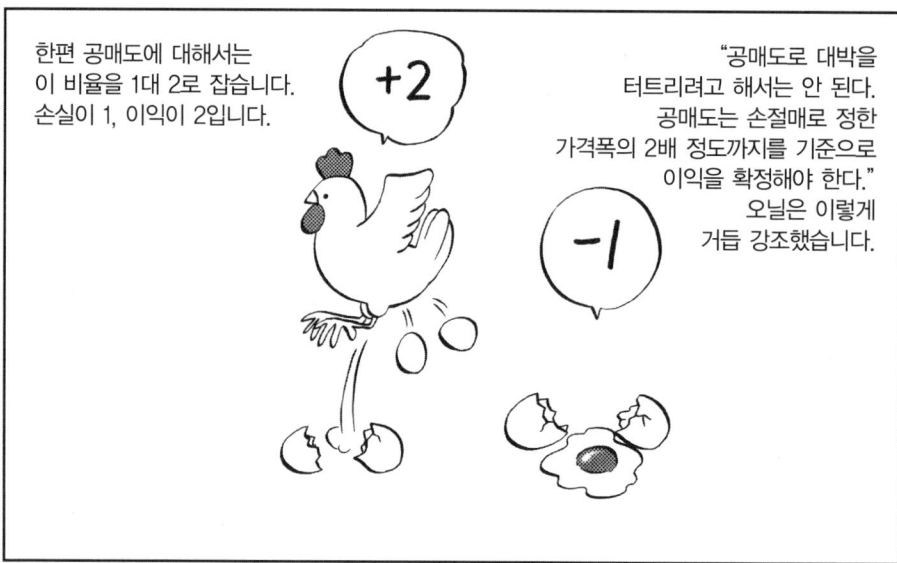

한편 공매도에 대해서는 이 비율을 1대 2로 잡습니다. 손실이 1, 이익이 2입니다.

"공매도로 대박을 터트리려고 해서는 안 된다. 공매도는 손절매로 정한 가격폭의 2배 정도까지를 기준으로 이익을 확정해야 한다."
오닐은 이렇게 거듭 강조했습니다.

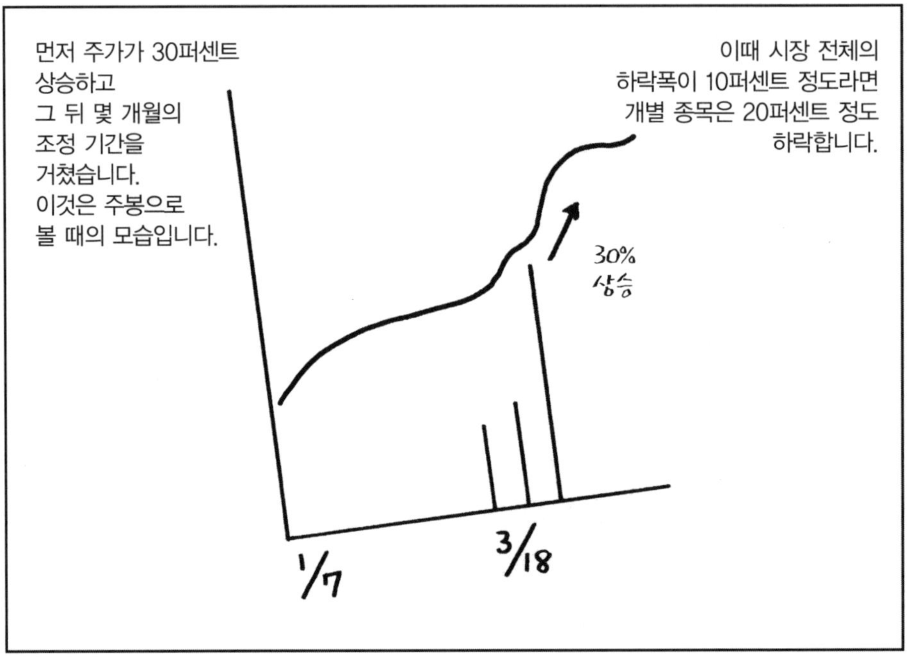

먼저 주가가 30퍼센트
상승하고
그 뒤 몇 개월의
조정 기간을
거쳤습니다.
이것은 주봉으로
볼 때의 모습입니다.

이때 시장 전체의
하락폭이 10퍼센트 정도라면
개별 종목은 20퍼센트 정도
하락합니다.

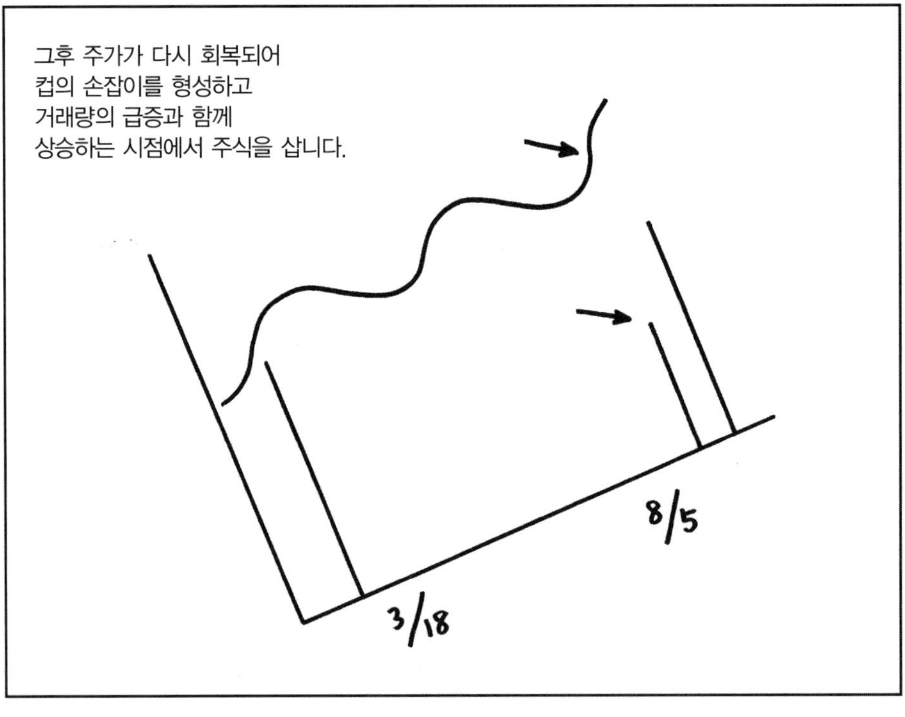

그후 주가가 다시 회복되어
컵의 손잡이를 형성하고
거래량의 급증과 함께
상승하는 시점에서 주식을 삽니다.

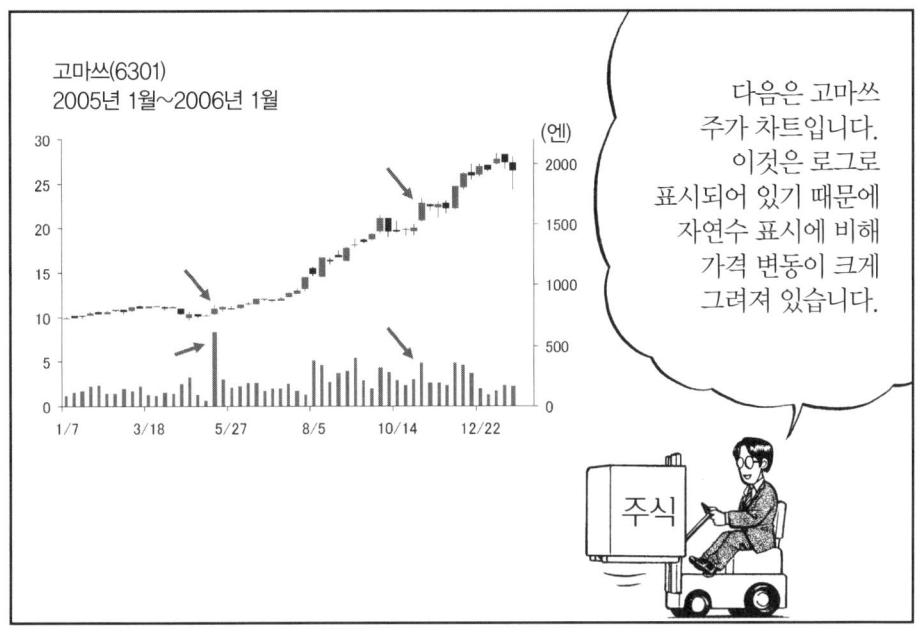

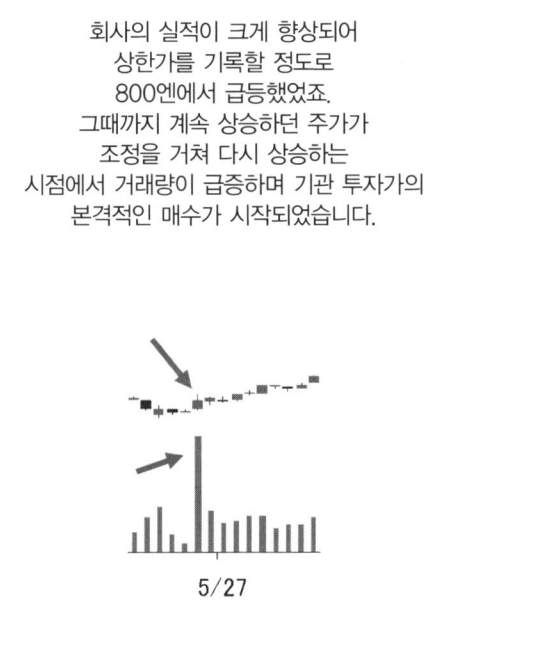

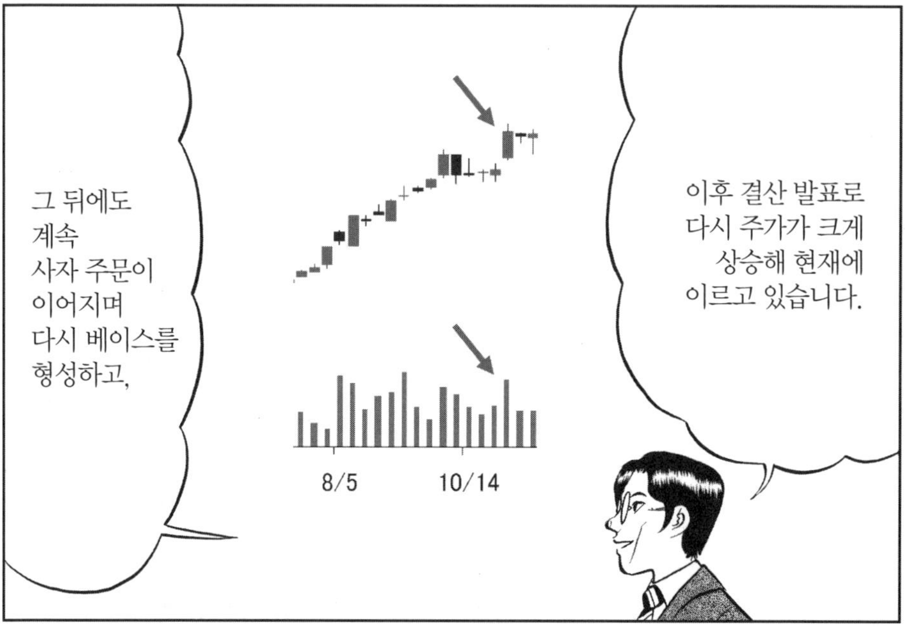

그 뒤에도 계속 사자 주문이 이어지며 다시 베이스를 형성하고,

이후 결산 발표로 다시 주가가 크게 상승해 현재에 이르고 있습니다.

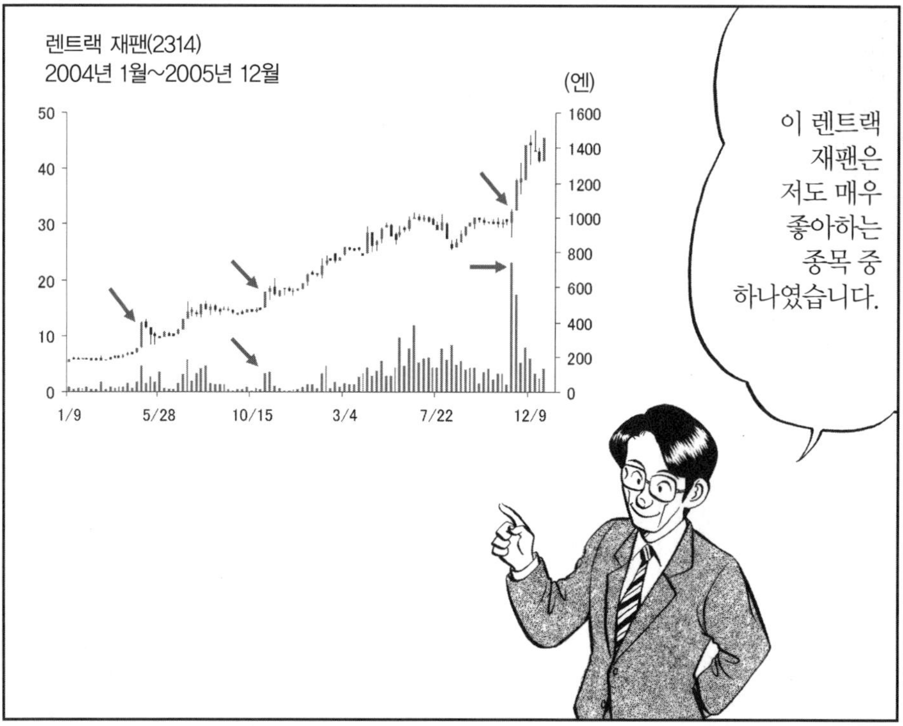

렌트랙 재팬(2314)
2004년 1월~2005년 12월
(엔)

이 렌트랙 재팬은 저도 매우 좋아하는 종목 중 하나였습니다.

* 일본의 유명 서점-옮긴이

아마도 지금의 시장 환경에서는 중소형 투자신탁이라 해도 **1,000**억 엔 정도는 거뜬히 모을 수 있을 겁니다.

그 펀드가 **2**퍼센트만 쓴다고 해도, **1,000**억 엔의 **2**퍼센트면 **20**억 엔이 되지요.

20억 엔으로 하루 거래량이 이 정도인 종목을 사들이려면 매일 전체 거래량을 다 차지하게 되죠. 그런데 그래서는 안 되니까…

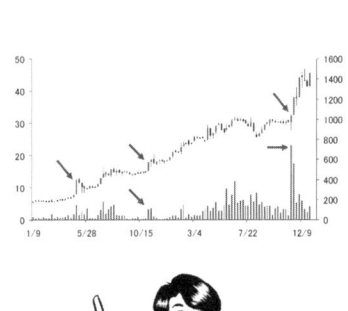

'펀드 운용액의 **2**퍼센트가 될 때까지 하루 거래량의 **5**퍼센트 정도를 지속적으로 매수하자' 이렇게 생각합니다.

그러면 렌트랙 재팬 급의 기업은 주식 매수를 완료하는 데 **2**개월에서 **3**개월이 걸립니다.

펀드 매니저가 조용히 매수를 계속하는 것이지요.

제4장

CAN SLIM의 'C':
3개월간의 사업 실적 성장세에 주목하라

지금부터는 CAN SLIM의 일곱 요소를 좀 더 자세히

하나하나 확인해나가도록 하겠습니다. 먼저 'C' 부터 시작해볼까요?

일본에서도 도쿄 증권거래소가 2004년 4월부터 상장기업의 4분기 결산 공시를 의무화했습니다. CAN SLIM의 'C' 를 만족시키려면

가장 최근에 공시한 4분기 결산의 주당 이익, 즉 EPS가 전년 동기에 비해 큰 폭의 성장률을 기록해야 합니다.

오닐은 이 '큰 폭'의 성장률을 대략 18~20퍼센트로 규정했습니다. 이것은 전기(前期)가 아니라 전년도 동기 대비 성장률입니다.

*우리나라 모든 상장회사의 분기·반기 결산 보고서는 한국거래소 홈페이지(www.krx.co.kr)에서 확인할 수 있다.-옮긴이

그리고 가속적으로 상승하던 성장률이 두 번의 4분기에 걸쳐 연속으로 하락할 때는 주의해야 합니다.

대신, 줄곧 상승하던 성장률이

한 번 정도 둔화된 것을 가지고 '아, 이 주식은 안 되겠군' 이라고 예단해서는 안 됩니다. 의외로 이런 부분은 유연하게 판단하고 있지요.

제5장

CAN SLIM의 'A':
매년의 매출액에 주목하라

CAN SLIM의 'A'

여기에서 중요한 것은 'Annual Earnings Increases', 즉 연간 순이익의 증가입니다.

'과거 5년간의 연간 주당 순이익(EPS= 당기 순이익을 발행된 주식 수로 나눈 것)이 전년도보다 증가하고 있을 것'

그런데 이것은 미국은 몰라도 최근의 일본에서는 상당히 어려운 조건입니다.

왜냐하면 일본은 1997년 이후의 주가 폭락과 2000년 전후의 디플레이션 시대를 거쳐온 탓에 5년간 계속 성장한 회사가 매우 적기 때문이지요.

하지만 일단 그 문제는 제쳐두고 **CAN SLIM**의 공식을 살펴보면 '복리 기준으로 연간 **25**~**50**퍼센트의 이익 증가가 계속되는 것' 이 **500**종목에 이르는 급성장 주식의 공통점이라고 합니다.

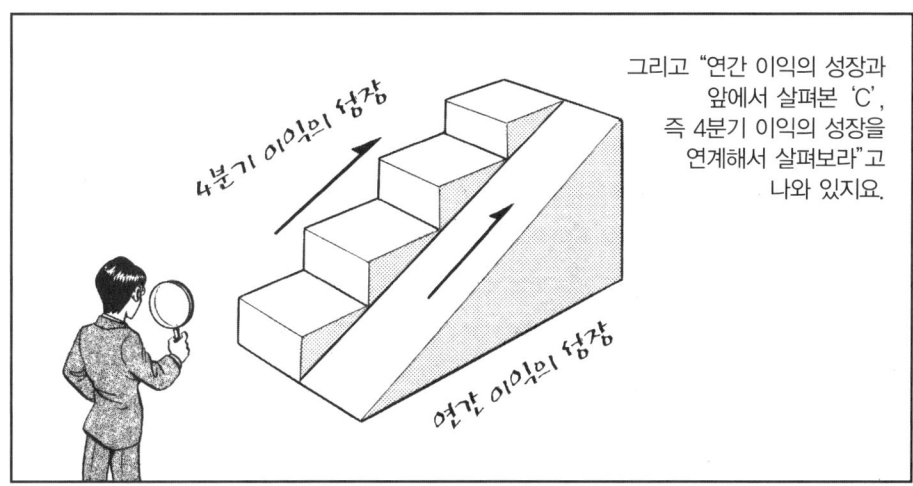

그리고 "연간 이익의 성장과 앞에서 살펴본 'C', 즉 4분기 이익의 성장을 연계해서 살펴보라"고 나와 있지요.

최근에 개정된 책에서는 여기에 **ROE**(자기자본이익률)가 추가되었습니다. 예전에는 이에 대한 설명이 없었지만

최근에는 **ROE**의 요건, 즉 '**ROE**가 **17**퍼센트 이상일 것'이라는 조건을 덧붙였습니다.

뭐든지 여러 각도에서 관찰할수록 잘 알 수 있게 된다는 건가요?

그렇지요.

PER (주가 수익률) = 주가 ÷ 주당 순이익

주당 순이익 = 순이익 ÷ 발행 주식 수

이 PER가 높을수록 성장 기대도(인기도)가 높다고 하지만 한편으로는 과대평가되고 있다(이익에 비해 주가가 높다)고 판단할 수 있으며, 반대로 PER가 낮으면 과소평가 (이익에 비해 주가가 낮다)되어 있다고 판단할 수 있습니다.

그런데 아까 선생님은 **PBR**파라고 하셨잖아요? 그건 뭔가요?

오늘은 "**PER**가 높을수록 주가가 더욱 높아진다"고 말했습니다. 급성장주 500종목의 주가가 상승하기 시작한 초기 단계의 **PER**를 살펴보면 평균 36배 정도가 된다고 합니다.

(보충하자면)
PER는 주가를 주당 순이익으로 나눈 것이지만…

PBR = 주가 ÷ 주당 순자산

입니다.

주당 순자산은 '회사가 문을 닫으면 주주에게 돌아오게 되는 주당 금액'이므로 '청산 가치'라고도 부르지요.

제6장

CAN SLIM의 'N' : 새로운 변화를 감지하라

이번에는 CAN SLIM의 'N' 입니다.

'주가가 놀랄 만큼 상승하려면 무엇인가 새로운 변화가 필요하다'는 것이지요.

여기에서 말하는 '새로운 변화'는 업계의 중대한 변화나 새로운 수요를 창출하는 새로운 제품, 새로운 경영진의 등장 등입니다.

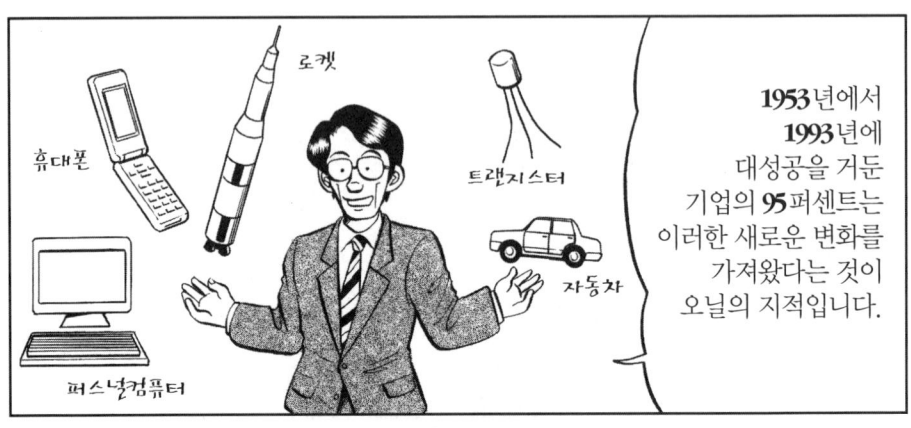

제1장

CAN SLIM의 'S' : 수요화 공급, 그중 공급에 주의를 기울여라

다음은 **CAN SLIM**의 'S' 입니다. 이것은 **'Supply and Demand'** 의 머리글자이므로 두말할 필요 없이 '수요와 공급' 입니다.

'경제 분석가나 경제학자들이 뭐라고 하든, 모든 것은 수요와 공급의 원칙에 따라 결정된다' 는 뜻이지요.

사실 그 말대로 인데 투자자들은 이 점을 곧잘 잊어 버리고는 하지요.

그런데 새로운 개정판이 나오면서 오닐은 "아니, 그렇지 않다. 소형주뿐만 아니라 대형주의 투자에도 **CAN SLIM**이 적용된다"고 말했지요.

소형주와 대형주는 어떻게 구별하나요?

대형주의 조건
- 상장 후 6개월 이상 경과
- 도쿄 증권거래소 1부 상장 종목
- 시가 총액과 유동성이 높은 상위 100종목 (TOPIX 100의 산출 대상)

중형주의 조건
- 대형주에 이어 시가 총액과 유동성이 높은 상위 400종목(TOPIX Mid400의 산출 대상)

소형주의 조건
- 대형주·중형주에 포함되지 않는 모든 종목 (TOPIX Small의 산출 대상)

예전에는 발행 주식 수에 따라 구별했지만 **2005**년에 이렇게 바뀌었죠.*

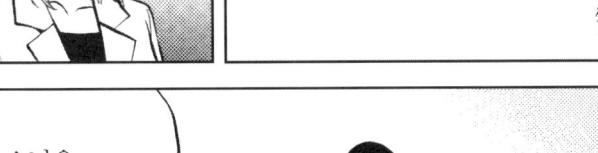

오닐은 발행 주식 수에 대해서는 그다지 엄밀한 기준을 제시하지 않았습니다.

주식 수보다는 어디까지나 그 기업의 성장성에 주목하기 때문이지요.

*우리나라의 경우 자본금 규모에 따라 구분해왔으나 현실과 들어맞지 않는 경우가 많아 시가총액 기준으로 바뀌었다. 대형주 : 상위 100위까지, 중형주 : 101~300위, 소형주 : 301위 이하 – 옮긴이

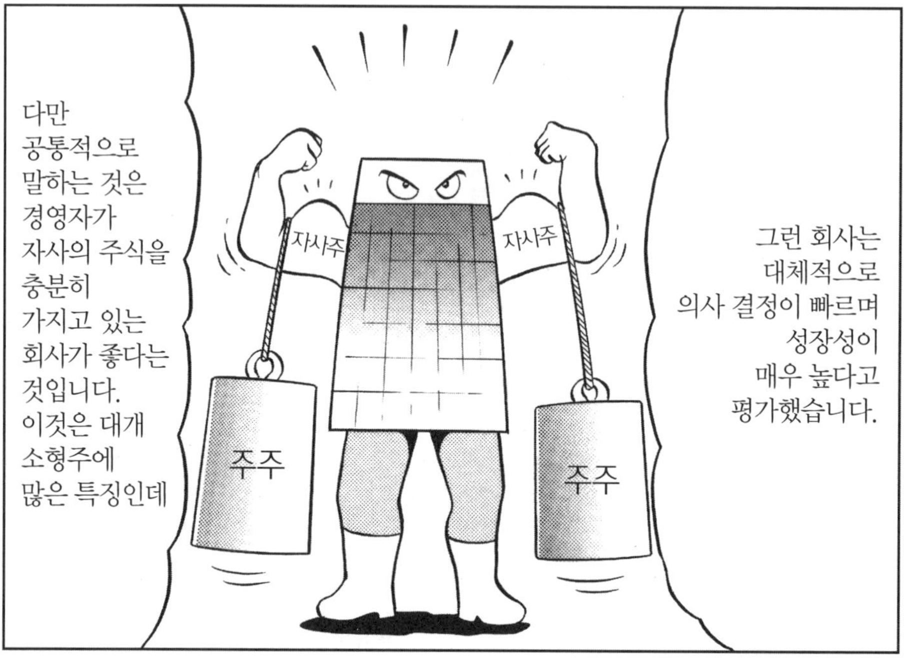

다만 공통적으로 말하는 것은 경영자가 자사의 주식을 충분히 가지고 있는 회사가 좋다는 것입니다. 이것은 대개 소형주에 많은 특징인데

그런 회사는 대체적으로 의사 결정이 빠르며 성장성이 매우 높다고 평가했습니다.

그리고 동시에 (대형주도 마찬가지지만) 자사주를 매입하고 있는 회사를 찾아야 한다고 말했지요.

일본을 예로 들자면 어떤 기업이 있나요?

그리고 또 강조한 것은 '주식 분할은 생명을 단축한다'는 점이지요. 오닐은 "1대 2나 2대 3 정도까지는 괜찮지만,

1대 3이나 1대 5는 절대로 안 된다"고 말했습니다.

그중에서도 1대 3의 주식 분할을 단행하고 1년도 지나지 않아 다시 1대 2의 주식 분할을 하는 기업은 매우 위험하다고 지적했지요.

애초에 주식 분할을 하는 이유는 주가가 이미 상당히 올랐다, 즉 천정에 다다랐다고 보기 때문입니다.

그러므로 일반적으로 주식 분할이 발표되면 전문 투자가들은 매도를 생각하기 마련이라는 것이 오닐의 주장입니다.

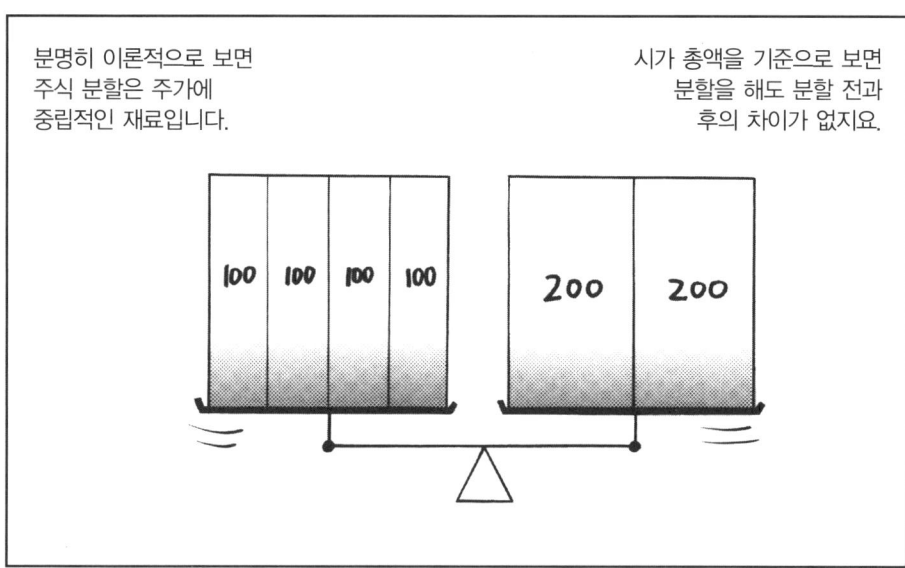

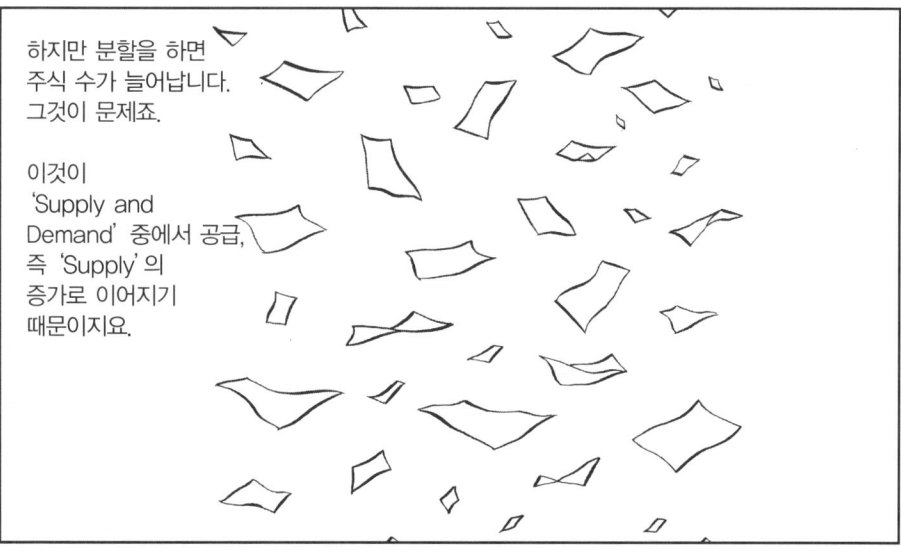

MSCB는 결국 자사주를 계속 시장에 매각하는 것과 같으므로

그런 회사의 주가는 미래가 어둡습니다. 대자본화의 길로 무작정 내달리고 있는 것이지요.

MSCB는 회사에 마약과도 같은 존재입니다.

발행할 때는 사채일지라도 주식으로 전환되면 사채에 대한 환원 자금이 필요 없어지기 때문에 자금이 부족한 회사는 자꾸 전환 사채를 발행하게 됩니다. 그런데 이는 결과적으로 주가에 영향을 주지요. 주가의 미래가 어둡다는 것은 그런 뜻입니다.

야후의 주가도 최근 들어서는 오르지 않게 되었습니다. 기대치는 매우 높지만 지금까지 주식 분할을 여러 차례 실시해왔지요. 과연 앞으로도 주식 분할을 계속 단행할까요?

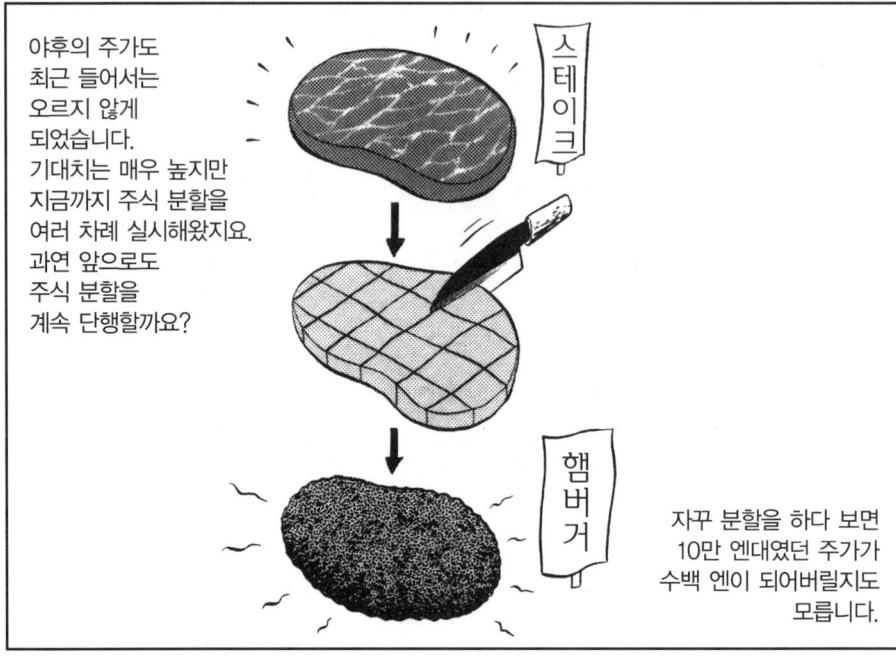

자꾸 분할을 하다 보면 10만 엔대였던 주가가 수백 엔이 되어버릴지도 모릅니다.

게다가 오닐은 "급등 후 혹은 약세장으로 접어든 뒤에 과도한 주식 분할을 하는 것은 특히 어리석은 행동이다"라고 말했습니다.

이를 보면 오닐이 PER와 주식 분할을 매우 싫어함을 알 수 있지요.

제8장

CAN SLIM의 'L' : 업계의 리더를 찾아라

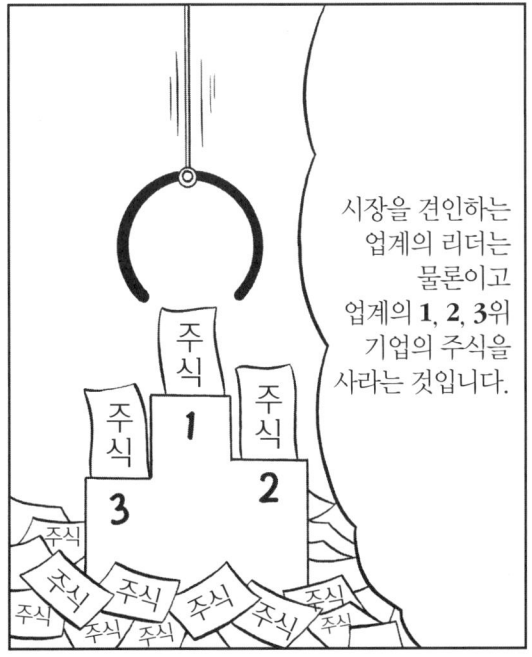

이것은 흔히 간과하기 쉬운 점인데, 닛케이 평균 지수나 뉴욕 다우존스 지수가 10퍼센트 하락하면 개별 종목은 대개 20퍼센트 하락합니다.

시장 평균 ↓10

개별 종목 ↓20

시장 평균 ↓15

개별 종목 ↓30

닛케이 평균이 15퍼센트 하락하면 개별 종목은 30퍼센트 정도 떨어지지요.

하지만 주도주는 비교적 하락폭이 작습니다.

닛케이 평균이 10퍼센트 조정, 즉 10퍼센트 하락하고 그 영향으로 다른 개별 종목이 30퍼센트 떨어질 때

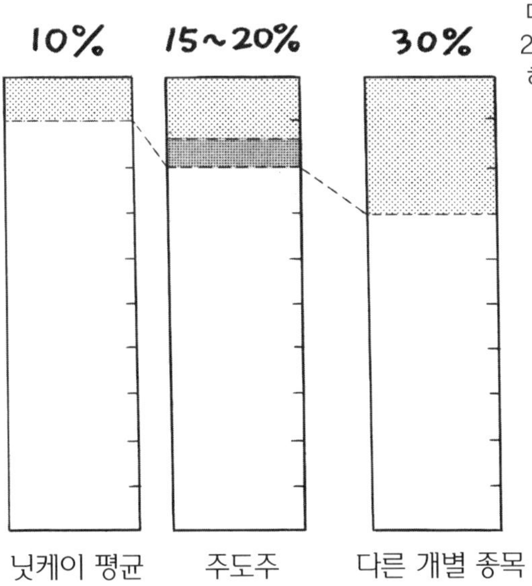

10%   15~20%   30%

닛케이 평균   주도주   다른 개별 종목

주도주인 종목은 대략 15퍼센트나 20퍼센트 정도의 하락에 그친다는 의미이지요.

투자의 세계를 들여다보면 미국에는 있지만 일본에는 없는 것이 많이 있는데, 이 상대 주가 지수라는 개념도 그중 하나입니다.

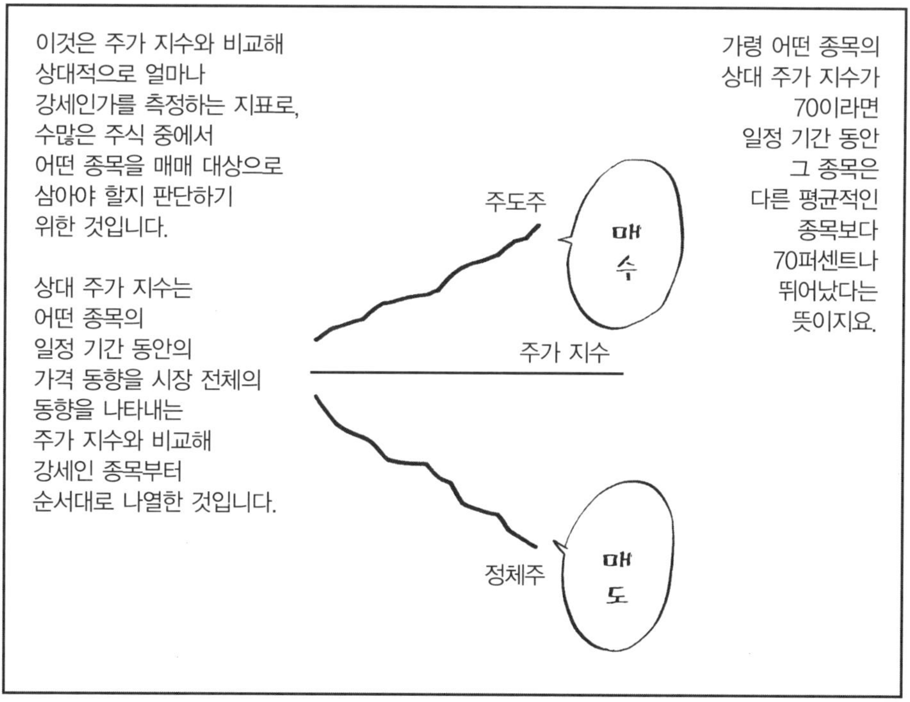

이것은 주가 지수와 비교해 상대적으로 얼마나 강세인가를 측정하는 지표로, 수많은 주식 중에서 어떤 종목을 매매 대상으로 삼아야 할지 판단하기 위한 것입니다.

상대 주가 지수는 어떤 종목의 일정 기간 동안의 가격 동향을 시장 전체의 동향을 나타내는 주가 지수와 비교해 강세인 종목부터 순서대로 나열한 것입니다.

가령 어떤 종목의 상대 주가 지수가 70이라면 일정 기간 동안 그 종목은 다른 평균적인 종목보다 70퍼센트나 뛰어났다는 뜻이지요.

주도주
주가 지수
매수
정체주
매도

윌리엄 오닐은 자신의 저서에서 이것을 자주 사용했습니다.

이것은 시장 전체의 가격 동향에 대해 그 회사의 가격 동향이 어느 정도의 위치에 있는지 나타낸 것입니다.

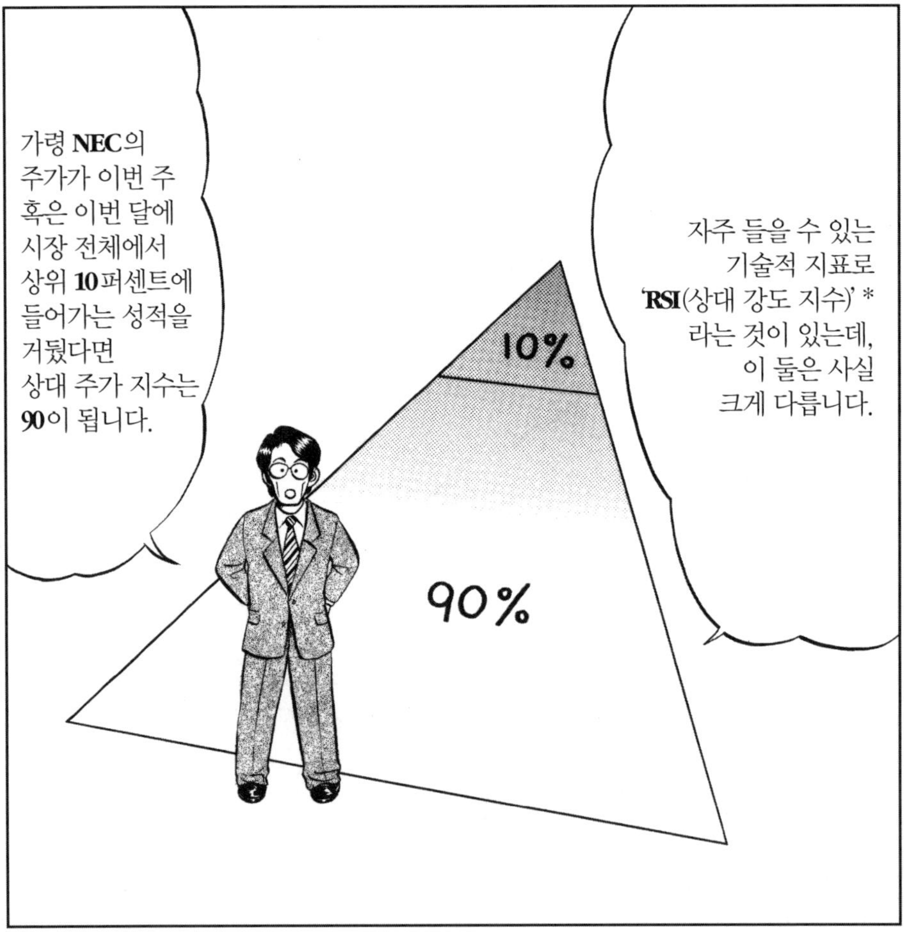

가령 NEC의 주가가 이번 주 혹은 이번 달에 시장 전체에서 상위 10퍼센트에 들어가는 성적을 거뒀다면 상대 주가 지수는 90이 됩니다.

자주 들을 수 있는 기술적 지표로 'RSI(상대 강도 지수)' * 라는 것이 있는데, 이 둘은 사실 크게 다릅니다.

*웰레스 월더가 개발한 기술적 분석의 지표로 현재의 추세가 어느 정도의 강도로 진행되는지를 백분율로 표시한 것이다-옮긴이

제9장
CAN SLIM의 'I' :
기관 투자가가 몰래 사들이는 종목을 찾아내라

이제 CAN SLIM의 'I'에 대한 설명으로 넘어가지요. 이것은 'Institutional Sponsorship'이었지요?

'기관 투자가의 매수만이 최대의 수요를 만들어낼 수 있다'는 의미입니다.

오늘은 최대 3개에서 10개의 뮤추얼 펀드가 주주로 있는 상태가 적당하다고 말했습니다.

먼저 투자신탁 평가회사인 '모닝스타' 등에서 실적이 우수한 투자신탁을 골라냅니다.

그리고 '소형주 펀드라면 여기', '성장주 펀드라면 여기'라고 할 수 있는 투자신탁을 몇 곳 지목합니다.

다음에는 그 운용 기관의 홈페이지에 들어가 월차 보고서나 4분기 보고서를 살펴보면… 매수 종목 상위 10개 정도는 반드시 나와 있지요.

그 자료를 모으는 것입니다.

호오, 그런 것도 공시되어 있구나…

그와 같은 종목은 일단 시장 전체가 약세로 돌아서면 모두가 일제히 매물로 내놓게 됩니다.

그만큼 하락폭이 커지므로 과잉 보유 종목에는 주의를 기울여야 하지요.

오닐은 급성장한 500개 종목의 말로에 대해서도 언급했습니다. 급성장한 500개 종목, 즉 시장 평균에 비해 700~800퍼센트나 급등한 종목은 일단 천정을 형성하면

그 뒤에는 평균 72퍼센트나 가격이 하락했다고 합니다.

또 마쓰이 히데키 선수는
뉴욕 양키스에서
4년간 60억 엔의
계약을 맺었습니다.
연간 15억 엔이지요.

국내 리그 최고인
마쓰나카 선수의 연봉은
5억 엔이고
마쓰이 선수의 연봉은
미국에서 최고는 아니지만
15억 엔입니다.

역시 크게 성공하는
종목은 시장에서
싼 가격에는
거래되지 않는다는
증거겠지요.

제10장

CAN SLIM의 'M' : 대세를 파악하라

마지막으로 소개할 것은 **CAN SLIM**에서 가장 중요한 **'M'** 입니다. 시장 전체가 하락하면 보유 종목 중 4분의 3은 가격이 하락합니다.

이것은 어떠한 경우에도 피할 수 없는 일이지요.

따라서 주식투자에 성공하려면 시장이 언제 천정에 다다를지

혹은 바닥을 칠 것인지 판단하는 것이 가장 중요하다고 오닐은 거듭 강조합니다.

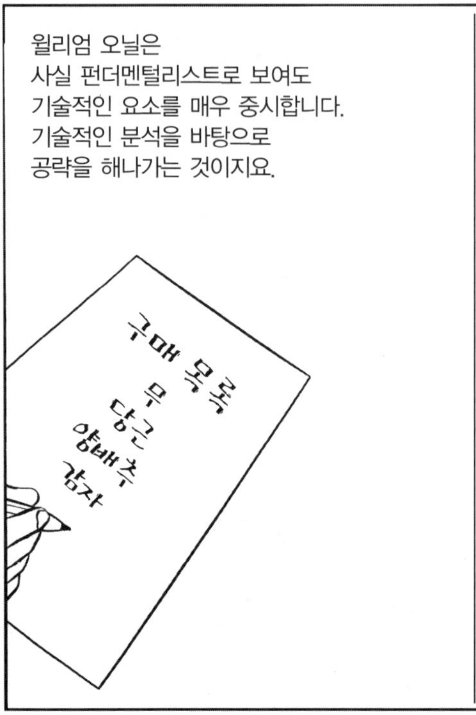

윌리엄 오닐은
사실 펀더멘털리스트로 보여도
기술적인 요소를 매우 중시합니다.
기술적인 분석을 바탕으로
공략을 해나가는 것이지요.

그의 저서를 보면
기술적인 내용에
대부분의 페이지를
할애하고 있습니다.

시장 전반에 대해
매일의 주가와
거래량 차트를
읽는 것이
중요합니다.

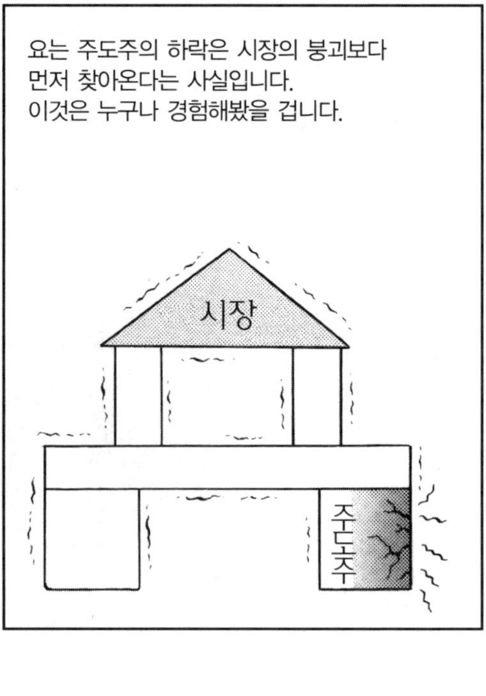

요는 주도주의 하락은 시장의 붕괴보다
먼저 찾아온다는 사실입니다.
이것은 누구나 경험해봤을 겁니다.

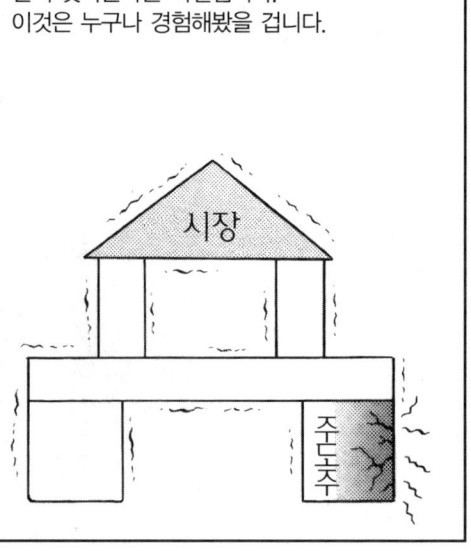

1999~2000년에 걸친 **IT** 버블 시기에는 소프트뱅크의 주가가 무너졌고, 또 그전 단계에서 **NTT**데이터의 주가가 하락하기 시작했습니다.

2000년 봄에 닛케이 평균은 당시 최고치인 22000을 기록하고 순식간에 무너졌는데, NTT데이터는 1999년 연말에 이미 최고가를 기록한 뒤 하락했습니다. 이것은 어느 시대에나 실제로 일어나는 현상입니다.

오닐이 저서에서 제시한 차트를 예로 설명을 드리지요. 이것은 **1976년** 뉴욕 다우 지수의 일간 차트입니다.

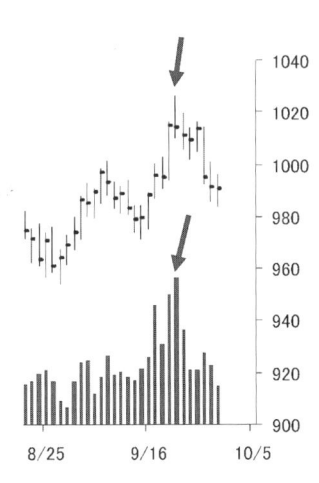

당시 미국은 엄청난 인플레이션기로 접어들며 주가가 계속 오르고 있었습니다. 그러다 거래량은 많이 늘어나는데 주가는 더 오르지 않게 되었습니다. 장중에는 크게 오르지만 마지막에는 다시 내려갔죠.

그런 일일 동향이 계속해서 나타나는 때가 있습니다.
한 달 동안 이러한 동향이 두세 번이나 나타난다면
그것이 폭락의 시작이라고 오닐은 지적합니다.

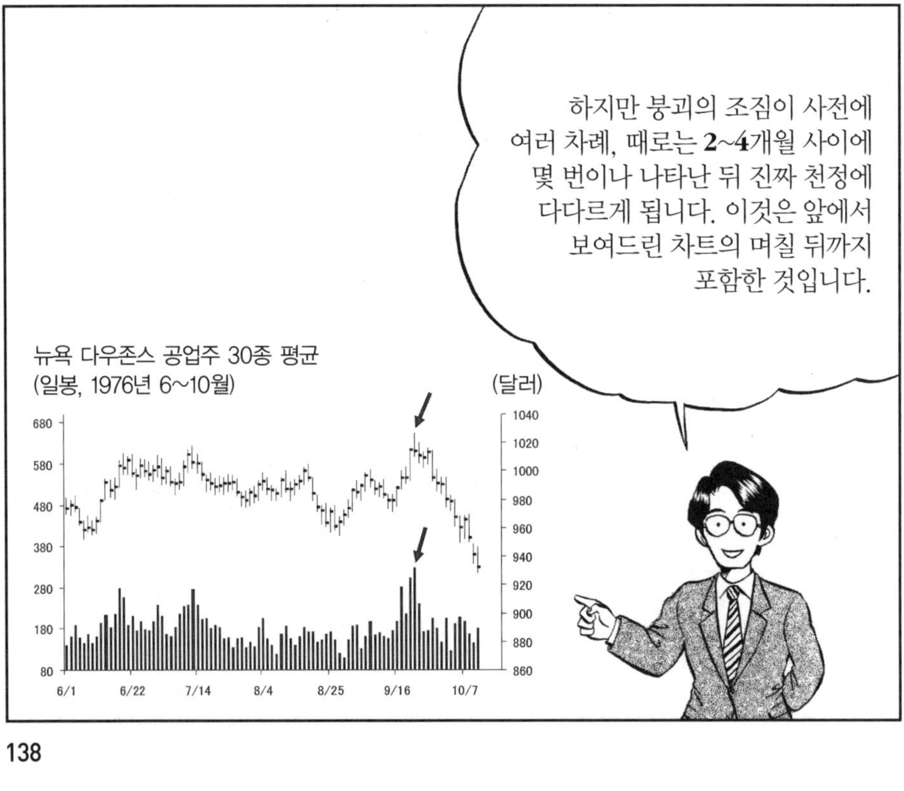

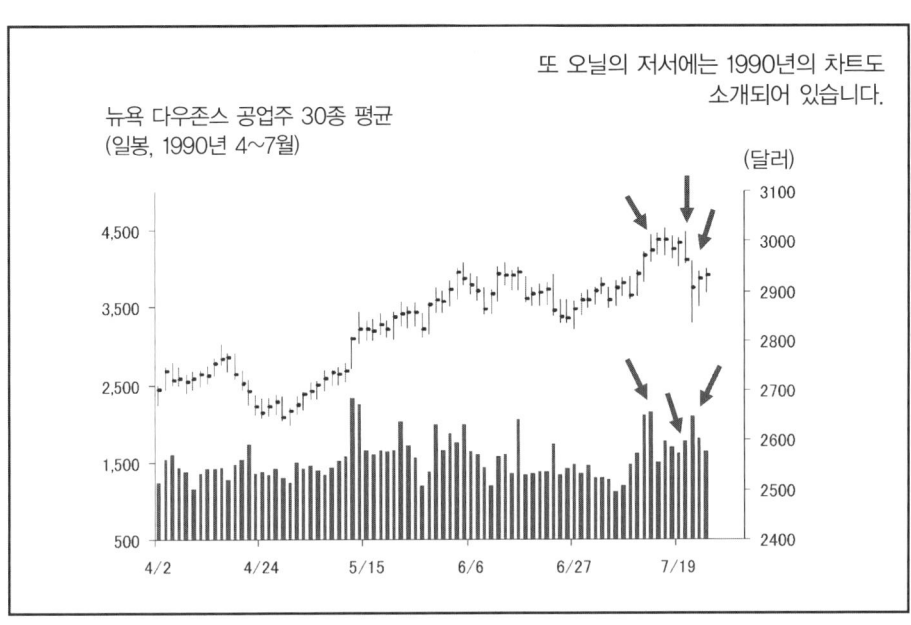

또 오닐의 저서에는 1990년의 차트도 소개되어 있습니다.

일본과 마찬가지로 미국도 이때는 부동산 불황을 향해 달려가고 있었습니다. 바로 S&L(저축대부조합) 위기가 찾아온 때지요.

몇 개월에 걸쳐 줄곧 상승을 지속해온 시장은 그리 쉽게 천정을 치지 않습니다. 천정을 쳤다는 징후가 나타난 뒤에도 10일에서 1개월 정도는 그때까지의 기세로 계속 올라가지요.

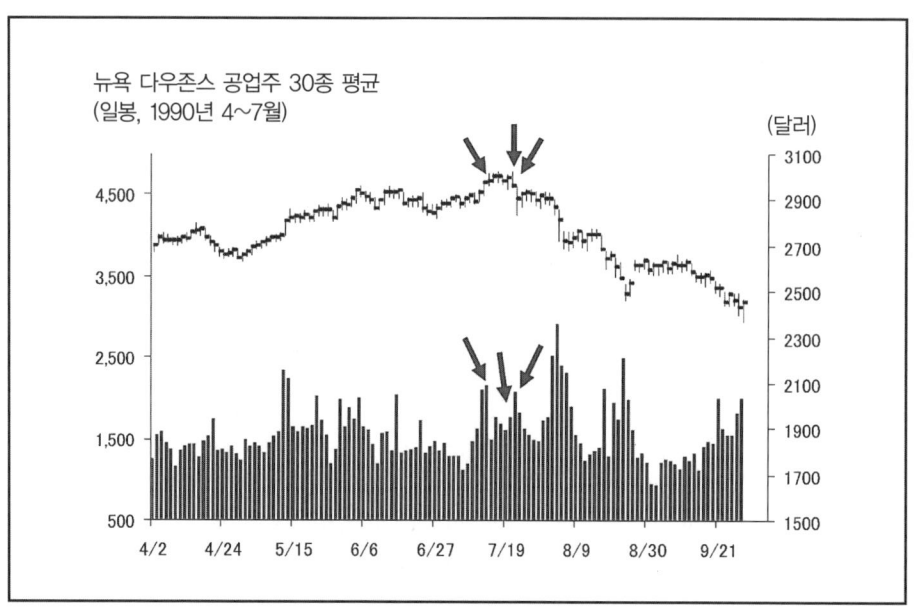

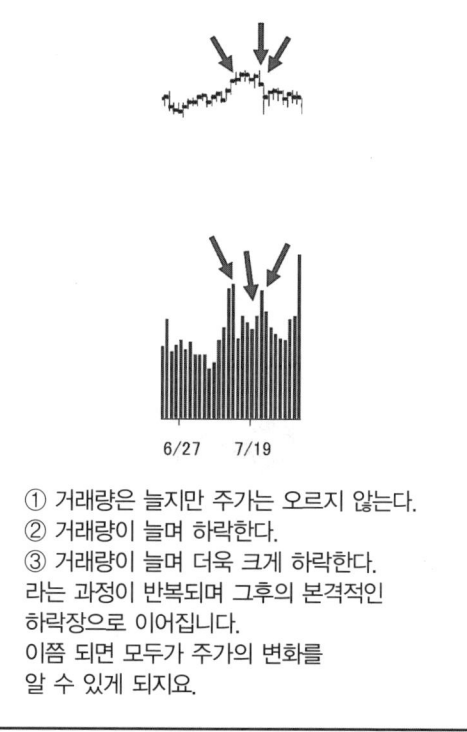

① 거래량은 늘지만 주가는 오르지 않는다.
② 거래량이 늘며 하락한다.
③ 거래량이 늘며 더욱 크게 하락한다.
라는 과정이 반복되며 그후의 본격적인
하락장으로 이어집니다.
이쯤 되면 모두가 주가의 변화를
알 수 있게 되지요.

다시 이야기를 되돌려 봅시다. **1990년 7월 중의 동향은 바로 분산의 전형적인 패턴을 보여줍니다.**

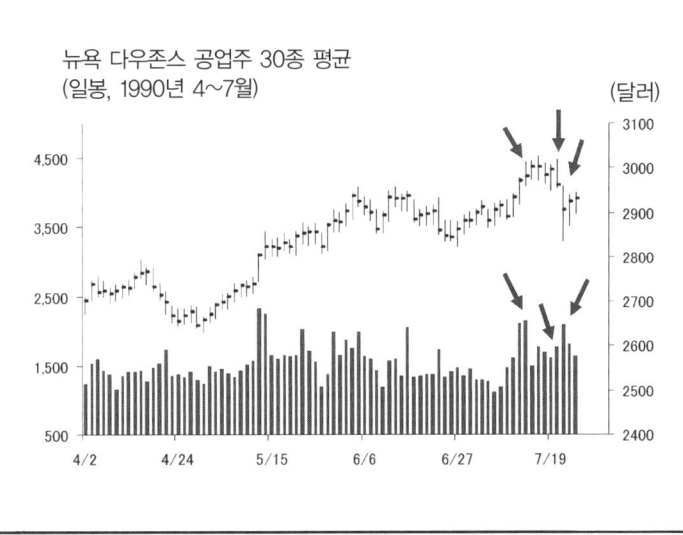

이 시점에서 기관 투자가가 '팔자'로 돌아섰고, 그 결과 수요와 공급의 관계에서 지금까지 수요가 우세하던 상황이 마침내 공급이 우세한 상황으로 바뀌었습니다.

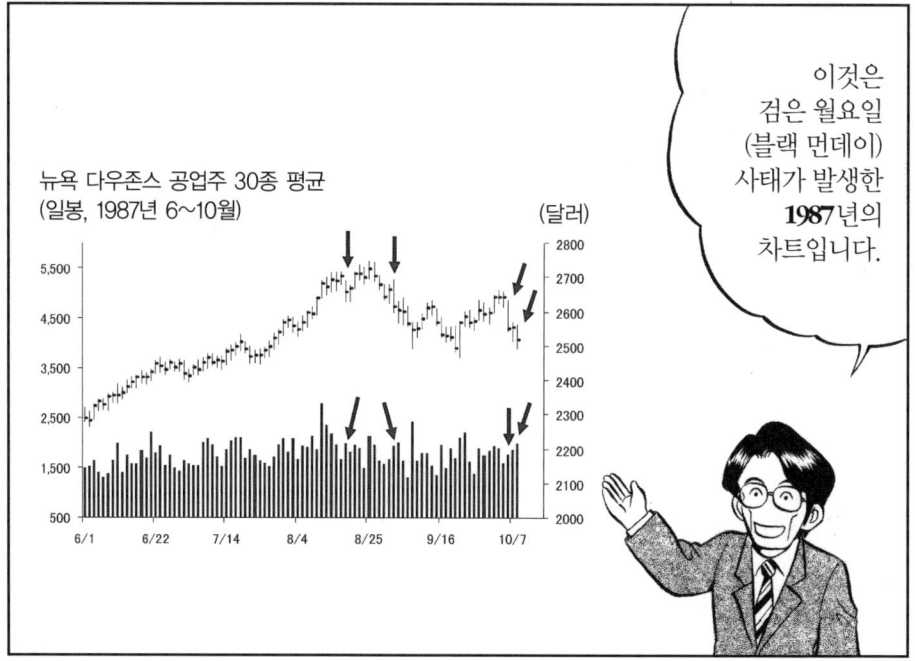

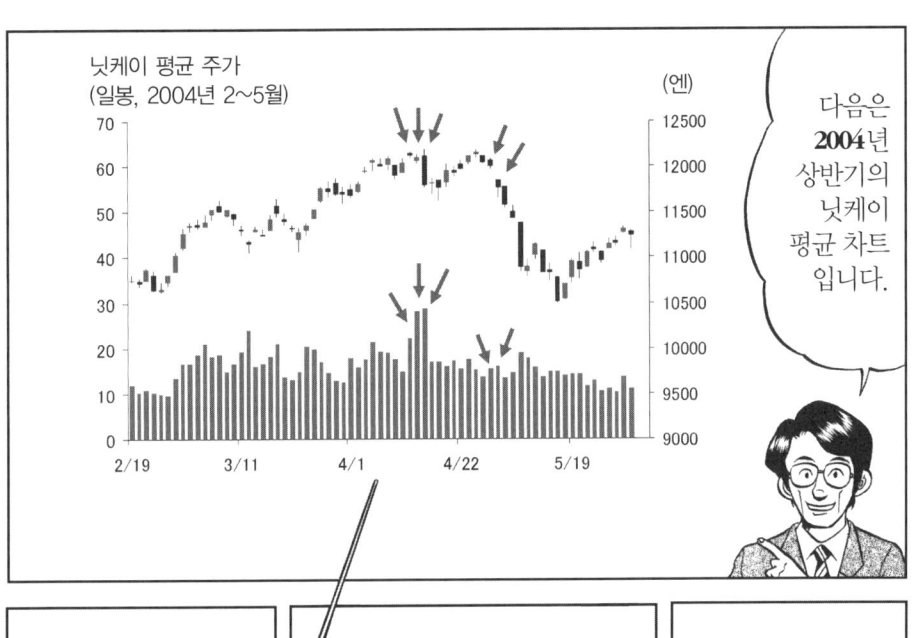

146 *4월 하순부터 5월 상순에 걸친 일본의 황금연휴 기간-옮긴이

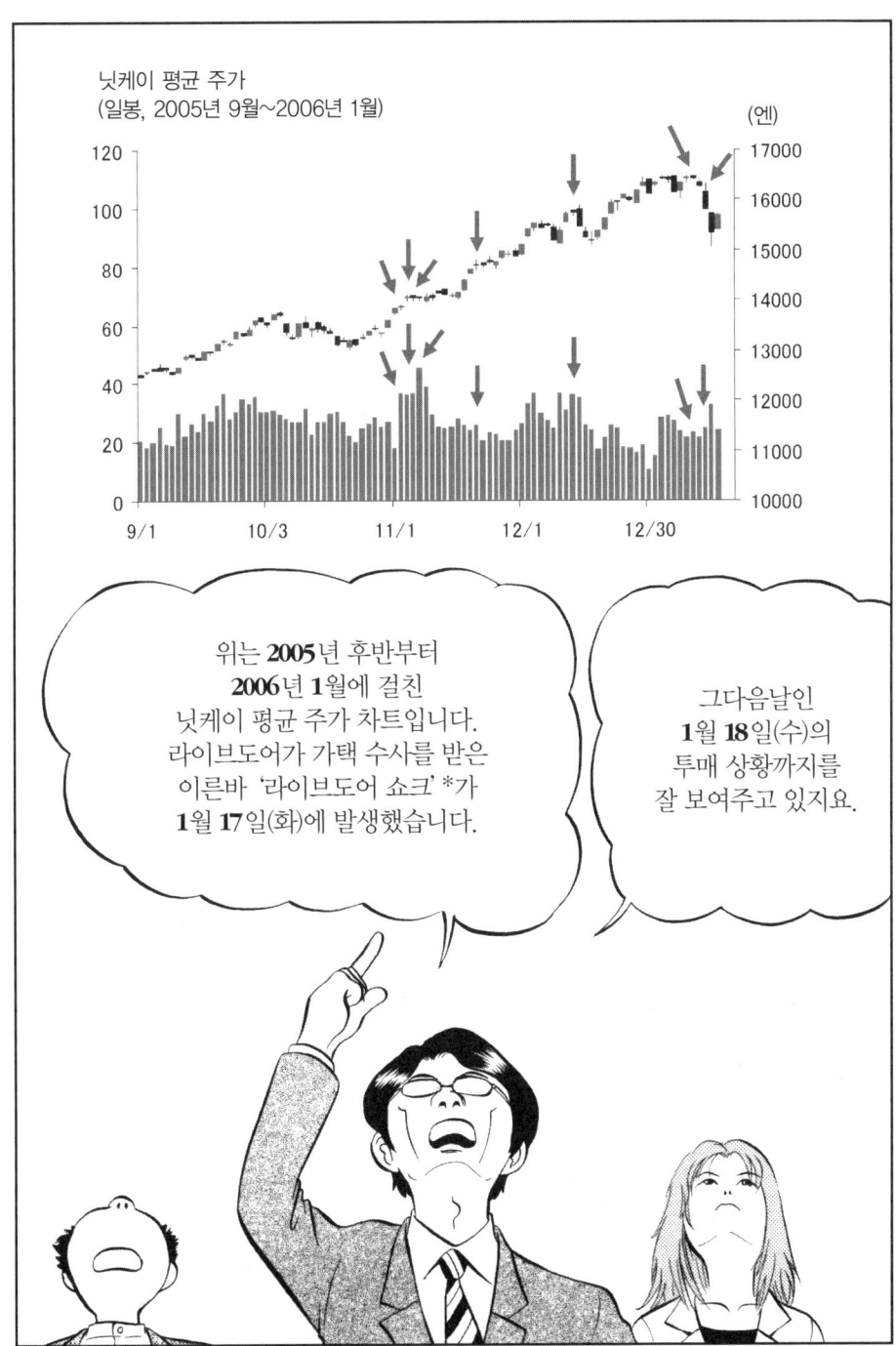

이제 도쿄 증권거래소 1부의 거래량을 살펴보겠습니다.

그때까지 닛케이 평균은 8개월에 걸쳐 상승하고 있었습니다. 그리고 2005년 11월경부터 확실히 분산의 징조가 나타났지요.

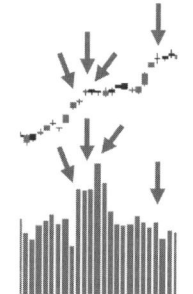

실제로는 그후에도 주가는 상승했습니다만, 오닐이 수도 없이 강조했듯이 강세 시장은 일단 분산의 징조가 나타나도 그후 10일에서 1~2개월 정도는 그 기세만으로 계속 상승합니다.

반대로 시장의 바닥은 어떻게 판단하나요?

오닐은 3~10일간의 상승이 계속된 시점을 주목하라고 말합니다.

그때 하루에 1퍼센트 이상 상승하는지, 또 거래량이 증가하고 있는지 보는 것이지요.

다만 개인 투자자는 그것만으로는 움직이지 않는 편이 좋습니다.

시장이 다시 한 번 바닥을 확인할 때까지 기다리는 편이 좋다는 것이 오닐의 주장입니다.

"투자 판단 중 절반이 옳았다면 그것은 엄청난 확률이다. 그런데 잘못을 했을 때 즉시 손절매를 하는 분별력만 있다면 10번 중 3~4번밖에 올바른 판단을 하지 못했더라도 큰 이익을 볼 수 있을 것이다."

실제 투자에서 가장 주의해야 할 점은 판단을 잘못했을 때 생기는 손실을 최소한으로 억제하는 것입니다.

다시 말해 투자에 성공하려면 자신의 실수를 인정하고 주저 없이 손절매를 하는 것이 중요하지요.

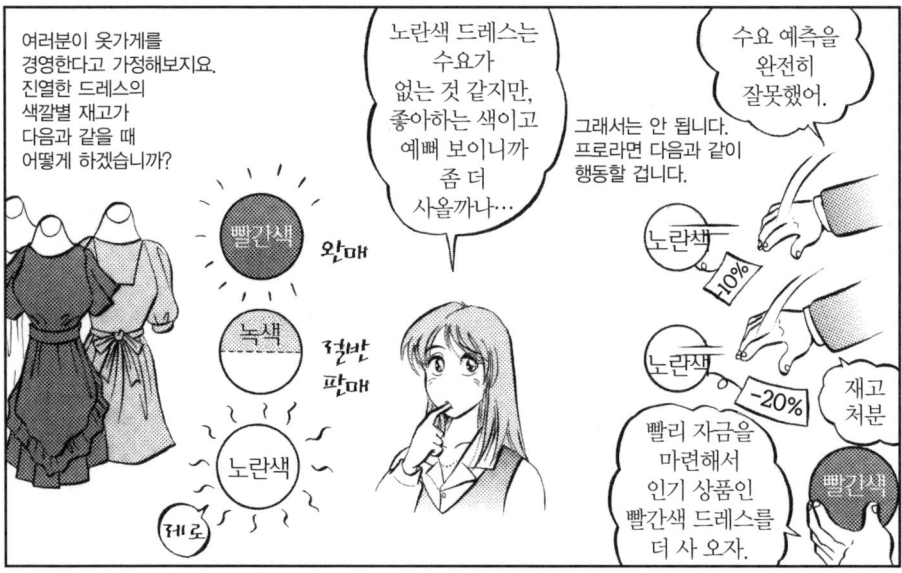

제11장
개인 투자자들이 저지르는 '18가지 실수'

이런, 벌써 시간이 이렇게 지났군요.

그러면 마지막으로…

꿀꺽…

첫 저서인 『How to Make Money in Stocks』에서 오닐이 지적한 '개인 투자자가 저질러서는 안 될 18가지 실수'에 대해 이야기할까 합니다.

첫째는 '올바른 종목 선택의 방법을 모르는 채 주식을 사는 것' 입니다.

오닐은 자신이 극복했으며 여러분도 극복하기를 바라는 실수를 **18**항목에 걸쳐 나열했습니다.

프로와 아마추어 혹은 일반인을 포함해 주식시장에 뛰어든 사람 중 **90**퍼센트는 공부다운 공부를 하지 않고 있음을 지적하는 것이지요.

여기에는 아마 저도 포함될 거예요.

개인 투자자의 실수 1

투자자의 대부분은 올바른 방법을 사용해 종목을 선택하지 않으므로 진정한 의미에서 주식투자를 시작했다고 할 수 없다.

종목을 선택하기 위한 '주안점'을 이해하지 못하고 있어 장래성이 없는 주식에 손을 대게 된다.

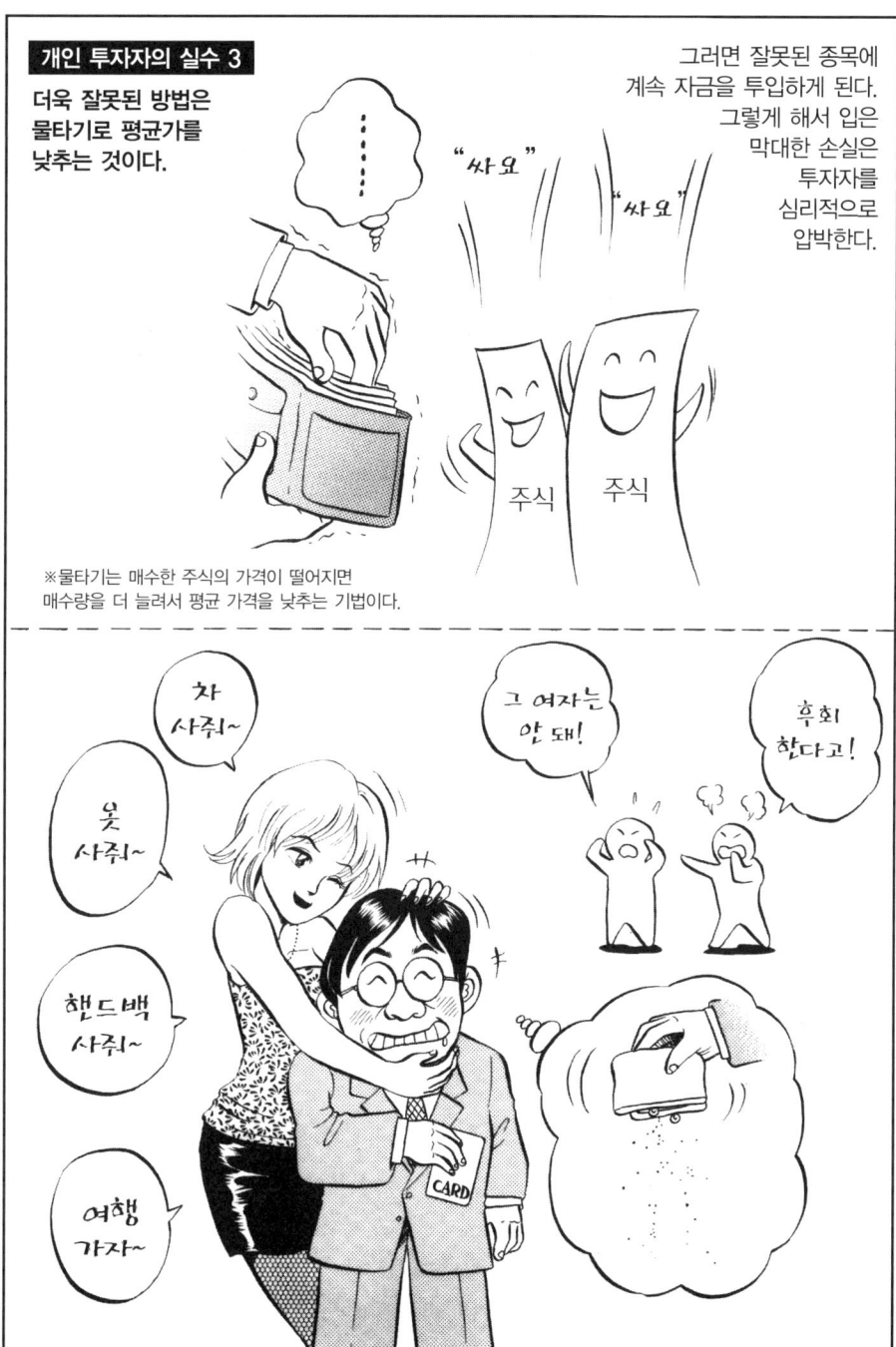

개인 투자자의 실수 4

**대중 투자자는
가격이 싼 주식을 선호한다.**

그들은 같은 돈으로
주식을 많이 살 수 있는
쪽을 선호하는 경향이 있다.
그러면 자신이 대단해진
듯한 기분이 드는지도 모르지만,
싸다는 이유로 산 주식은
대부분 양질의 주식이 아니다.
기관 투자가들은
그런 주식을 사지 않는다.

개인 투자자의 실수 9

좋은 정보나 조언을 발견하지 못하고 있다.
올바른 조언을 들어도 많은 투자자가
그것을 이해하지 못하며 따르지 않고 있다.

보통 수준의 친구나 지인,
증권회사나 투자 정보 서비스의 조언 등은
모두 손실로 이어지는 근원이다.
주식투자에 성공하는 사람은 극히 일부이며,
걸출한 증권회사나 투자 정보 서비스는
걸출한 야구선수나 변호사, 의사와 마찬가지로
드문 존재임을 알아야 한다.

개인 투자자의 실수 11

손실이 아직 적은 합리적인 수준일 때
주식을 처분하지 못하고
계속 끌어안고 간다.

감정에 얽매여 희망을 버리지 못하고
계속 보유하고 있다가
결국 심각한 타격을 받고 만다.

개인 투자자의 실수 12

11과 관계가 있는데 손실을 보고 있는 주식을 계속 보유하는 한편, 쉽게 얻을 수 있는 소액의 이익에 만족해버린다.

사람은 작은 이익에 약하고 큰 손실에 강해지기 마련이다. 손실은 크고 이익은 작아서는 평생이 가도 이익을 보지 못한다.

개인 투자자의 실수 13

세금이나 수수료에 지나치게 민감하다.

수수료의 액수는 처음에 올바른 판단을 내려 필요한 행동을 한다는 측면에 비하면 중요도가 훨씬 떨어진다. 애초에 주식투자는 부동산투자에 비해 수수료가 훨씬 낮다.

개인 투자자의 실수 17
주식을 객관적으로 바라보지 못한다.

항상 희망을 품고 있으며 무조건 선호하는 주식이 존재한다.

콩깍지가 씌었음

○△주식

브랜드에 연연하는 것은 재앙의 근원이지.

개인 투자자의 실수 18
대부분의 투자자는 사실은 중요하지 않은 사항, 즉 '주식 분할이나 배당의 증가, 신문 발표, 증권회사나 투자자문의 종목 추천 등'의 영향을 받는다.

이것은 굳이 설명할 필요도 없다.

'팔랑귀'는 투자에 적합하지 않다!

오닐의 조언

용기를 갖고 긍정적으로 생각하라. 결코 포기해서는 안 된다.
매년, 커다란 기회가 항상 기다리고 있으므로
자신의 자세를 바로잡고 그 기회에 도전하라.
작은 도토리는 언젠가 커다란 떡갈나무로 자랄 것이다.
인내와 근면함이 있으면 무슨 일이든 이룰 수 있다.
무엇보다도 중요한 요소는
'나는 성공할 거야' 라는 결심이다.

윌리엄 오닐의 좋은 주식 고르는 법
CAN SLIM 기법 활용하기

초판 1쇄 발행 2010년 2월 10일
초판 3쇄 발행 2021년 3월 25일

지은이 스즈키 가즈유키
그린이 사사키 케이
옮긴이 김정환
펴낸이 이형도
편집 공순례, 김윤정
디자인 구름디자인
마케팅 최민용

펴낸곳 (주)이레미디어
전 화 031-908-8516(편집부), 031-919-8511주문 및 관리)
팩 스 0303-0515-8907
주 소 경기도 파주시 회동길 219 사무동4층 401호
홈페이지 www.iremedia.co.kr
카 페 http://cafe.naver.com/iremi
이메일 ireme@iremedia.co.kr
등 록 제396-2004-35호

ISBN 978-89-91998-32-2 03320
가 격 10,500원

저작권자©스즈키 가즈유키, 사사키 케이
이 책의 저작권은 저작권자에게 있습니다.
도서출판 이레미디어의 서면에 의한 허락 없이 내용 전부 혹은 일부를 인용하거나 발췌하는 것을 금합니다.

이 책은 투자 참고용이며, 투자 손실에 대해서는 법적 책임을 지지 않습니다.